曼谷自助

Bangkok 超簡單

小米 & 小薯 · 文 · 攝影

作者序

期待在曼谷街頭相遇！

第一次造訪曼谷，是從他國返台時，在此短暫過境。從晚上抵達、到隔天傍晚的班機離境，在曼谷停留的時間不到短短的 24 小時。從機場搭上計程車直驅背包客聚集的考山路時，即使已是晚上，考山路仍滿溢熱鬧氣氛，兩旁的餐廳、酒吧傳出音樂聲，沿街的小吃攤填滿了我們那飢腸轆轆的肚子。吃飽喝足後，一邊流連於各色攤販間採買特色紀念品，一邊也在林立的旅行社間找到符合需求的半日行程，讓我們隔日輕鬆地造訪曼谷市郊的水上市場，隨後正好前往機場返台。

這一趟過境的旅程，雖然來去匆匆，卻讓我們對曼谷有了初次的認識與好感。

有次與一位足跡踏過數十個國家的旅遊記者前輩閒聊，他說，若是自己要休假旅遊，會選擇曼谷，因為不管他想要玩什麼、吃什麼、買什麼，曼谷都可以滿足他的需求。這段話讓我們印象十分深刻。曼谷究竟有什麼樣的魅力，讓那位走遍世界各國的旅遊記者情有獨鍾呢？

於是，我們也陸陸續續或各自或相約前往，展開第二次、第三次……曼谷之旅。隨著停留的時間越來越長、造訪的次數越來越多，我們兩個也越來越了解那位前輩這麼說的原因。曼谷真的太豐富了，想看古蹟，大皇宮就讓人駐足許久；想吃美食，各式餐廳或路邊小吃極具風味；想買東西，平價的市集或高級時尚的購物中心，都能買到想要的商品；想盡情放鬆，那就來個抒壓按摩吧！

從多年前搭著市區公車或計程車，穿梭在永遠都是尖峰時間塞車時段的市區，到現在搭著便捷的 BTS 或 MRT，悠閒地由南到北或

　　由東到西穿越曼谷，每一次總會有新的發現、新的體驗。也許是新開張不久的高樓景觀餐廳、也許是最新款的家飾雜貨、也許是在市集中尋到寶、也許是在路邊攤找到無法忘懷的美味、也許在某座廟宇中發現最虔誠的膜拜……，這或許正是曼谷的魅力所在！

　　於是，我們也相繼地愛上了曼谷。在寫這本書的同時，腦中不斷計畫下一次的曼谷旅行。這本書的出現，希望能讓更多人發現、體驗到曼谷這座兼具傳統與現代的城市魅力。透過書中從出發、抵達機場、市區交通、玩樂資訊、住宿推薦、美食情報等多方面的介紹，以及一些貼心的旅遊小建議，讓您可以輕輕鬆鬆的造訪曼谷，並且享受一段豐富且難忘的假期。

　　也許，我們會在曼谷街頭相遇呢！

小米 & 小薯

目次 Contents

002 作者序　期待在曼谷街頭相遇！

006 *Part 1* 認識曼谷
008 基本概念
014 行前準備

020 *Part 2* 安排住宿
022 住宿類型介紹
026 選擇住宿
028 預定住宿

036 *Part 3* 往返機場
038 出境
040 抵達蘇汪納蓬國際機場
043 市區 VS 機場往返
047 返回台灣

048 *Part 4* 市區交通
050 認識曼谷交通
054 空鐵 BTS
057 地鐵 MRT
059 水上交通

064 *Part 5* 遊玩曼谷

068 **BTS** 沿線

092 **MRT** 沿線

098 水上巴士沿線

104 購物血拼

108 泰式按摩 & **SPA**

112 **PLUS** 路線

116 行程規劃

124 *Part 6* 美味曼谷

126 泰式美食

136 泰國餐廳類型

140 餐廳推薦列表

146 *Part 7* 生活便利通

148 實用資訊

152 緊急應變

154 旅遊基本泰語

Part
1

認識曼谷

General Information

基本概念

行前準備

基本概念

地理

泰國全圖

泰國位於東南亞的中南半島上,是非常熱門的旅遊國度,地處中央位置的曼谷(Bangkok),總面積約 1,600 平方公里,人口 1,600 萬左右,不僅是泰國的首都,也是許多海外遊客進出泰國的主要門戶。

早期的曼谷主要發展是靠昭披耶河(Chao Phraya)與發達的水道為主要交通,現今雖已有四通八達的陸路取代水道,但水運在曼谷仍然占有一席之地,也成為旅客拜訪曼谷的精采遊程之一。

清邁

泰　國

大城

□曼谷

芭達雅

華欣

氣候

曼谷位處於熱帶氣候區,在季節上分為熱季、雨季和涼季,但大致上來說,全年皆如夏季般炎熱。

熱季 3 ～ 5 月

是一年中最熱的季節,尤其市區中午的高溫常讓人覺得彷彿要燃燒起來似的;在這時候造訪曼谷,中午行程安排最好以室內為主,避免外出,才不致晒到中暑。

(F.R. AC.)

雨季 6 ～ 10 月

　　長達 5 個多月，雖然讓曼谷的溫度稍微下降一些，但對許多遊客而言還是十分炎熱。大部分時候，雨來得快也去得快，不過偶爾還是會有幾天連續傾盆大雨的日子。若適逢此時前往曼谷，千萬別忘記攜帶雨具，以免因淋到雨而壞了遊興。

涼季 11 ～ 2 月

　　這是一年中最舒服的季節，也是最適合旅遊的時機，然而卻也因此成為住宿的旺季。有時候早晚溫差較大，尤其是前往曼谷郊區旅遊的時候，千萬別忘了帶件薄外套，以防不時之需。

　　曼谷全年平均氣溫及雨量：

月分	1	2	3	4	5	6
平均高溫（℃）	31.7	32.2	33.3	34.3	33.2	32.8
平均低溫（℃）	21.7	25.0	25.6	26.7	26.5	26.5
降雨量（mm）	10.2	28.0	30.5	71.1	190.5	152.4

月分	7	8	9	10	11	12
平均高溫（℃）	32.2	32.2	31.7	31.5	31.1	30.6
平均低溫（℃）	25.2	25.6	25.1	25.0	23.3	21.1
降雨量（mm）	157.5	186.0	321.0	231.7	58.1	10.2

語言

　　泰語是泰國的官方語言，但由於曼谷屬於國際化大城，不僅每年有超過千萬人次的海外遊客造訪，也吸引許多外籍人士在此定居，所以在曼谷大部分地區，都可使用英語溝通。無論是小吃店或高級餐廳、商店等，服務人員或菜單上都提供英語服務；在路上也可輕易找到會說英語的當地人。

　　此外，泰國的華人約占總人口 14%，因此碰到會說上

幾句中文者的比例也很高；尤其在曼谷中國城附近，就經常可聽到漢語、潮州話、客家話等親切的交談聲。

時差

全泰國皆屬於同一個時區，時間比台灣晚 1 小時；即泰國時間＋1 小時＝台灣時間，台灣時間－1 小時＝泰國時間。

貨幣

泰銖（THB 或 Baht）可分為紙幣與硬幣兩大類。紙幣面額為：20 銖、50 銖、100 銖、500 銖、1,000 銖；硬幣面額為：0.25 銖、0.5 銖、1 銖、2 銖、5 銖、10 銖。

1,000 Baht 面額的鈔票，在一般小商店或路邊小攤販使用較不方便，經常會遇到沒有足夠零錢可找的狀況；1 Baht 以下的硬幣目前已很少人使用，僅在大型賣場或便利商店可流通，其他商店甚至車站上廁所的收費處都會拒收。

匯率

1 泰銖約為 1.04 台幣，1 台幣約 0.965 泰銖。泰銖與台幣之間的匯率變動不大，大致上比率是 1：1；大多數的時候台幣幣值高於泰銖，不過這一、兩年泰銖幣值偶爾會超越台幣。

在台灣可提供兌換泰銖現鈔服務的銀行並不多，若有需要可前往盤谷銀行和部分台灣銀行、兆豐銀行的分行直接兌換。大多數台灣遊客前往泰國旅遊，習慣攜帶美元或歐元到當地進行匯兌，曼谷雖然有幾家匯兌銀行可接受台幣現鈔兌換泰銖，但每家銀行匯率不一，換算後差距頗大，有時候比美元的匯率還不划算。

假設要在曼谷以台幣換泰銖，匯率最划算的要屬 SuperRich 這家匯兌處了，曼谷主要購物商圈皆設有據點，可以先上網站查詢匯率和營業據點地圖，但須先加入會員才能進行查詢。

· 網址：www.superrich1965.com

電壓＆插座

泰國的電壓為 220 伏特、50 赫茲，和台灣並不相同，所以使用台灣帶去的電子產品時，要特別注意電壓問題。

泰國插座大致上可分為兩種規格，一種和台灣相同，是兩個扁平插孔型；一種為雙圓孔插座。大多數旅館內，同一個插座可同時使用上述兩種插頭的規格，有些還有三孔設計，除了雙扁平與雙圓孔共用的插孔之外，還多一個圓形的第三個插孔，如左圖。旅客不需要特別攜帶轉換插頭，但為以防萬一，建議仍可帶一個萬用插頭。

治安

雖然曼谷給許多人的印象是有些龍蛇雜處的紛亂感，但事實上當地治安大致還算良好。白天問題不多，晚上則要注意有些風化區或是酒吧林立的區域，出入的分子會比較複雜；如果是單獨旅行者，建議深夜時分最好避開這些區域。另外，曼谷時有針對國外觀光客進行詐騙的情事，例如皇宮周邊有許多嘟嘟車（Tuk Tuk）司機，會告訴遊客「皇宮今天不開門」或是「我知道有某個入口不用收門票」之類的訊息，然後再以非常便宜的價格招攬遊客來個一日或半日之旅，但等遊客真的上車之後，就載去購物或再找許多藉口來哄抬價錢。所以觀光客的自保之道就是：在曼谷，最好別搭嘟嘟車！

Info 今天泰國是什麼顏色？

在泰國，一周七天都各自有一個代表的顏色，所以走在街上稍微留意一下，就會發現不少泰國人都會穿上當天的代表顏色衣服喔！

☆周一：黃色
　　（泰皇的代表色）
☆周二：粉紅色
☆周三：綠色
☆周四：橘色
☆周五：藍色
　　（王后的代表色）
☆周六：紫色
☆周日：紅色

泰皇蒲美蓬

航程＆航空公司

　　目前台灣有多家航空公司，每天都有多個航班可直飛曼谷蘇汪納蓬機場（Suvarnabhumi Airport），飛行時間約為 3.5 至 4.5 小時。由於競爭激烈，不少航空公司會和發行信用卡的銀行或是旅行社合作，推出特惠票價專案，有興趣的人，只要花點時間在網路搜尋一下，常常可以發現許多超值的便宜機票。

　　各家航空公司的訂位電話與網站：

■中華航空

　電話：412-9000（手機撥號 02-412-9000）

　網址：www.china-airlines.com

■長榮航空

　電話：（02）2501-1999

　網址：www.evaair.com

■泰國航空

　電話：（02）8772-5222

　網址：www.thaiairways.com.tw

■復興航空

　電話：449-8123（手機撥號 02-449-8123）

　網址：www.tna.com.tw

　　曼谷對許多台灣遊客而言，是個距離不遠、感受異國都會假期的好去處，因此市場上常見許多包含了機票＋飯店住宿的自由行程。華航、泰航與長榮航空皆有推出與多家不同等級旅館搭配的自由行，另外市面上也有許多旅行社提供不少自行規劃的自由行組合。這些機票＋住宿的組合，有時會比旅客各自分開預定的價格更來得便宜與方便，適合初次前往曼谷自助遊或是沒有時間安排住宿的遊客。

行前準備

護照

護照

　　計畫前往曼谷旅遊前,別忘了檢查自己護照的有效期限,若效期已過,或有效期限距離出發日未滿 6 個月者,就得重新申請。初次出國的旅客,第一個準備動作便是申請護照。

　　護照申請需前往外交部領務局辦理,若是抽不出時間親自前往,也可請親友或旅行社代為辦理,但由旅行社代辦,須另加付一筆代辦費用。

申請護照所需文件:
- 申請書 1 份
- 2 吋彩色照片一式 2 張
- 身分證正本與影本
- 16 至 36 歲男性需備相關兵役證件

外交部領事事務局
- 網址:www.boca.gov.tw
- 地址:台北市濟南路一段 2-2 號 3 ～ 5 樓
- 護照詢問專線:(02)2343-2807 ～ 8
- 開放時間:08:30 至 17:00,周三延至 20:00,周六日及國定例假日休
- 護照規費:台幣 1,300 元
- 工作天:一般件 4 天、遺失補發 5 天,若為急件可加付速件處理費,最快可隔天領取。

中部辦事處
　　地址:台中市南屯區黎明路二段 503 號 1 樓
　　電話:(04)2251-0799

雲嘉南辦事處

　　地址：嘉義市東區吳鳳北路 184 號 2 樓

　　電話：（05）225-1567

南部辦事處

　　地址：高雄市前金區成功一路 436 號 2 樓

　　電話：（07）211-0605

東部辦事處

　　地址：花蓮市中山路 371 號 6 樓

　　電話：（03）833-1041

簽證

　　想要前往曼谷旅遊者，可於出發前就先在台灣申請好泰國觀光簽證。若出發前來不及辦理，也可直接在抵達曼谷國際機場時辦理落地簽證，但效期僅 15 天，且不可延簽。

觀光簽證 Visitor Visa

相關申辦資訊：

· 地點：泰國貿易經濟辦事處，台北市松江路 168 號 12 樓

· 電話：（02）2581-1979

· 網址：www.tteo.org.tw

· 申辦文件：泰國簽證表格（可於上述網站下載）、護照正本（6 個月以上效期）、身分證正反面影本、2 吋彩色白底照片 1 張（6 個月內近照，頭部 3.2 至 3.6 公分小）。

· 簽證手續費：1,200 元

· 申請時間：周一至五 09：00 ～ 11：30 送件，16：00 ～ 17：00 取件。

· 停留時間：3 個月內單次簽證，可停留 60 天。意思就是拿到簽證後 90 天內要入境，而從首次入境起算 30 天內有效，若有需要可在泰國境內申請再延簽 30 天。

落地簽證　Visa on Arrival

所需文件：

· 護照正本（6 個月以上效期）

· 落地簽證申請表格（櫃台即可索取）

· 4 x 6 公分照片 1 張（6 個月內近照；若無照片可在櫃台旁拍攝）

· 15 天內的回程機票（可事先影印一份）

· 住宿地點資訊（如訂房資料或在泰期間地址）

· 入境卡（參見 p.40）

· 簽證官有權要求旅客出示在泰期間足夠之生活費，每人至少 10,000Baht，每一家庭至少 20,000Baht，但通常不會特別要求查證。

· 簽證費 1,000Baht

旅行預算

　　曼谷的物價水準雖然是全泰國最高，但和台灣的主要大城市相比還是相對便宜。前往曼谷旅遊，除了購物，最大的消費大概不離交通、住宿和餐食三大部分，因此在預估旅行費用時，不妨先上網大概了解一下這些必要的消費行情。

　　若以住宿經濟型旅館的雙人房，並且以空鐵（BTS）、地鐵（MRT）或是計程車作為主要交通工具，再加上三餐至少有一餐在餐廳內享用的情況下預估，一個人一天的旅行預算約為 1,000 至 1,500Baht 左右。

信用卡

　　曼谷許多商店都可使用信用卡，其中以 VISA、MASTERCARD 兩種信用卡的接受度最高，許多商店、餐廳、百貨公司和中型以上的旅館都可以信用卡消費。

行李檢查表

· 隨身行李
- ☐ 護照
- ☐ 機票（現全面改用電子機票）
- ☐ 信用卡、現金
- ☐ 提款卡（具有跨國提領功能，出發前最好先跟銀行確認是否可跨國使用）
- ☐ 國際駕照、YH 青年旅館卡等證件
- ☐ 海外急難救助保險卡（原有的保險急難救助卡或是出國前加保的旅遊平安險卡）
- ☐ 護照影本、2 吋照片數張（與護照分開存放）
- ☐ 通訊錄、緊急聯絡人與電話等資料
- ☐ 筆記本、筆
- ☐ 數位相機、記憶卡、備用電池
- ☐ 訂房資料

· 託運行李
- ☐ 個人盥洗用具（泰國許多飯店不提供牙刷與牙膏，所以最好自備）
- ☐ 保養品、化妝品（建議帶較清爽型的）
- ☐ 女性生理用品（在當地也可買到台灣人熟悉的品牌）
- ☐ 個人換洗衣物
- ☐ 貼身衣物
- ☐ 數位相機等電子產品的充電器
- ☐ 雨傘或雨衣
- ☐ 長袖薄外套
- ☐ 旅行相關資料、書籍
- ☐ 太陽眼鏡、帽子、防晒乳等（防晒係數最好挑高一點的）
- ☐ 指甲刀、針線包
- ☐ 鬧鐘（或者有鬧鐘功能的手機）
- ☐ 摺疊式的備用購物袋（在曼谷很容易不小心就買太多了）

實用的網路資訊

泰國觀光局（中文）

　　由泰國觀光局在台灣所成立的官方網站，裡面不僅有泰國各地區的旅遊資訊，還有各種最新情報以及節慶活動介紹等。

‧ www.tattpe.org.tw

泰國觀光局（英文）

　　泰國觀光局的官方網站，有包含曼谷在內的全泰國最新、第一手旅遊相關資訊，及觀光局所推出的各種活動報導。

‧ www.tourismthailand.org

背包客棧論壇曼谷討論區

　　背包客棧是台灣頗具知名度的自助旅行討論區，其中的泰國／曼谷、華欣、七岩，版上有非常多熱心網友所提供的各種曼谷旅遊資訊。

‧ www.backpackers.com.tw/forum/forumdisplay.php?f=148

泰友營

由一名喜愛泰國、長住泰國的香港人所設置的網站,內容除了基本旅遊資訊,也會發掘新店家,有些甚至提供折扣 coupon。

‧ www.thailandfans.com

微笑曼谷　Bangkok Smiles

以美食、購物、文化和景點等不同主題,介紹曼谷的旅遊資訊,內容頗為豐富,而且景點搭配詳細的地圖標示,清楚易懂。

‧ www.bangkoktourist.com

曼谷郵報

曼谷郵報有每日更新的最迅速曼谷相關新聞、天氣等報導,其中的旅遊版常常介紹許多迷人的景點以及相關資訊。

‧ www.bangkokpost.com

Part 2

安排住宿

Accommodation

住宿類型介紹

選擇住宿

預定住宿

住宿類型介紹

三至五星級觀光飯店

　　曼谷是亞洲地區國際化程度相當高的大都會區，不僅每年造訪的觀光客多，來出差洽公的商務旅客也不少，因此成為許多國際連鎖飯店集團兵家必爭之地；除了五星級觀光飯店林立，也有多家泰國本土三至五星級飯店。

　　曼谷五星級的觀光飯店主要集中區域大致可分為三區，一是位於昭披耶河兩側的河岸區，例如著名的東方文華酒店（Oriental）、半島酒店（Peninsula）、希爾頓飯店（Hilton）皆在本區內。飯店不僅就聳立在美麗的河邊，還有專屬船隻專門接駁往來於碼頭與飯店之間的顧客，搭船進入飯店可是此處才有的特殊體驗。

　　四面佛附近也是一處飯店集中區域，君悅飯店（Grand Hyatt）、四季酒店（Four Seasons）、洲際飯店（Inter Continental）即位於此，這裡不但飯店櫛比鱗次，還有多家大型購物商場，是喜歡逛街購物的旅客最佳住宿選擇地點之一。

杜西塔尼飯店

素可泰飯店

半島酒店

距離這區約 5 分鐘車程處的 Baiyoke Tower，則是曼谷當地最高的飯店。

還有一區則是位在 Silom 路與周邊不遠處的 Sathon 路上。泰國老字號的杜西塔尼飯店（Dusit Thani）、悅榕酒店（Banyan Tree）、素可泰（Sukhothai）飯店就分布在這一區內。這裡同時也是商業與金融中心匯集的區域，因此很多前往曼谷出差的商務客都落腳於此。

設計旅店

近幾年來，全世界興起一股設計旅店（Design Hotel）的風潮，無論是國際精品品牌跨界轉戰旅館領域所營造的精品旅館、由知名設計師所呈現個人風格的特色旅店，或是獨樹一格的強烈視覺旅館，都成為許多旅客在旅行途中停留的首要選擇之一。

曼谷這幾年也有許多或簡約或普普風等多種不同的設計旅店陸續開張、進駐。大部分設計旅店都位在曼谷交通便捷的區域，像是 BTS Sukhumvit 或 Silom 沿線許多捷運站 2 至 15 分鐘步程範圍內，就有許多設計旅店。這些旅店風格多變，有些充滿夢幻甜美風格、有些具有簡潔的現代感、有些洋溢維多利亞的華麗、有些帶著普普風格的鮮豔色彩……，多采多姿的空間風貌，讓住宿在曼谷，成為一種有趣的繽紛體驗。難怪因此吸引不少年輕朋友，專程前來曼谷體驗這種兼具時尚與生活樂趣的住宿風格。

設計旅店的價位大約從 1,500Baht 起，如果是國際連鎖旅館所規劃的設計旅店，價格則大約為 4,000Baht 上下。幾乎絕大部分的設計旅店都是雙人房的規劃，有些還有限制兒童入住的規定，若是有家長想帶小朋友一起到曼谷遊玩時體驗設計旅店，最好先確認該旅館是否有此限制。

公寓式旅店

曼谷不僅觀光客多，長期居留的商務客也多，為服務經常需要前來曼谷出差或長短期派駐的商務旅客，這種結合飯店與住家風格的公寓式旅店（Service Apartment）便應運而生。

所謂的公寓式旅店，在房間內的格局安排上，通常會比一般旅館多出一個廚房和用餐區的空間，最常見的就是一房一衛式的規劃。通常一入房門直接就是房間，然後還有一間獨立的衛浴，但在玄關區可能就會設有一個簡單的小型廚房，其中還包含了流理台，可烹調食物的電熱爐、微波爐、煮水壺等小家電和鍋具與餐具皆一應俱全。

一般旅館房間內該有的電視、冰箱等設施，這裡也都樣樣不缺。有些格局比較大的，不僅有獨立出來的廚房空間，還會有一房一廳或兩房一廳等不同的規劃。為了服務商務客人，網路設備也成為公寓式旅店的基本設施之一。

由於主要是針對服務居住期間較長的商務旅客，所以在公共區域也會設有洗衣間、健身房、閱報區等多種設施。至於住宿費用，則依照入住的期間長短不同，分為每晚／每星期／每月 3 種不同的房價計算，當然居住期間越長，平均分

攤下來的每晚單價就越低。

　　雖然以接待商務客為主，但許多公寓式旅店因為結合了住家與旅館的雙重優點，現在也成為許多人在旅行時的住宿選擇之一。曼谷公寓式旅店的房價大約從 1,400Baht 起，分布地點同樣是以位在 BTS 站沿線居多。

青年旅館＆民宿

　　想要省錢，在曼谷玩久一點，或者把旅行預算的重點放在品嘗美食或購物，青年旅館或民宿就成了遊玩曼谷時的最佳住宿選擇。

　　這類型的便宜住宿房型，大致可分為只算床位價格的通鋪、單人房、雙人房和四人房不等，房間設施有的只附電風扇，有些則需要與其他人共用衛浴，所以價格相對低廉，很受背包族旅客的喜愛，最便宜的通鋪床位費用約從 200Baht 起跳。

　　曼谷的青年旅館和民宿的數量也不少，其中最受國外背包客歡迎的集中區域就是考山路（Khao San）一帶。這一區的民宿或青年旅館選擇很多，但房間的水準落差也比較大，有非常簡單的床位或是單人房，也有不亞於旅館設施的風格住宿，所以若要在這區落腳，最好先打聽一下口碑，或是要求先看過房間比較保險。

　　另外，在 Silom 路、Sukhumvit 路這兩條許多國外遊客聚集的地方，兩旁的巷子內也有不少便宜的住宿。其中在 BTS National Stadium 站出口 Rama 路的 1 號巷子裡，就有大約 5 至 6 家頗熱門的民宿，因為從這裡走到 Silom 站的熱鬧購物中心區，如 Siam Square、Siam Paragon、MBK Center 等，只要 10 分鐘左右，相當方便。

選擇住宿

曼谷各種等級的住宿選擇非常多，除非你抱持著非住哪一家不可，或是有幾家特別熱門的旅館、民宿經常客滿，有需要提早預定之外，否則一般來說，到了曼谷再鎖定某個區域，然後才開始找旅館就可以，不一定非得事先預定。

建議在選擇住宿之前，最好從預算價格、交通便利性和停留時間長短這三方面進行考量。

預算價格

若是預算充足、又想好好犒賞自己的人，最佳的住宿選擇當然就是五星級飯店。這些觀光飯店內不僅房間美輪美奐，各種該具備的設施，例如 SPA 中心、游泳池、健身房、餐廳等也都應有盡有。住宿預算比較低的旅人，青年旅館、公寓式旅店也都是不錯的選擇；至於設計旅店，有些房價並不輸星級旅館，有興趣者也不妨體驗看看。

交通便利性

若是打算以大眾交通工具作為在曼谷停留期間的主要移動方式，那最好選擇一個交通便利的地點。BTS 沿線各站周邊的旅館或民宿都是很好的選擇，不過有些旅館雖然標榜靠近某捷運站，實際上還是得步行超過 15 分鐘的路程，對有些人來說或許無法接受，因此最好先詢問清楚。

極受背包客歡迎的考山路一帶，雖然一直是熱門的曼谷住宿地點，但事實上該區交通並不如想像中方便，如果不會搭公車，就只能靠走路去昭披耶河的碼頭搭船，或乘坐計程車前往其他景點，如此一來雖然省了住宿費，卻得花上更多的交通費，是否真的划算，值得評估一下。但若這次旅行主要的目的就是暢遊昭披耶河沿岸，以及大皇宮周邊景點，那考山路的確是個不錯的選擇。

停留時間長短

如果停留曼谷的時間超過一星期以上，建議不妨選擇公寓式旅店，不僅住宿費合理，吃膩了外面的食物，也可以自

己在住處烹調，或是每天自行準備早餐等，這樣既可以換換口味又能省下早餐的費用。另外，還可以假裝感受一下，有間度假套房在曼谷的那種舒適感！

Info 上網找便宜！

　　網路上有很多線上訂房的網站，這些網站常會不定期與不同的旅館推出優惠促銷方案，價格可能比直接到旅館網站上訂購還便宜。只要在 Yahoo 或 Google 的網頁打上「Bangkok Hotel」或「Bangkok Service Apartment」等字串，就會出現許多相關的訂房網站。有些網站需要加入會員才能預定；有些則需要以信用卡先支付訂金，每個網站的規定不盡相同，訂房前宜先看清楚。

預定住宿

透過旅行社代訂

　　台灣很多旅行社除了可訂購機票，還可以提供代訂飯店的服務。通常他們都和許多飯店有合作簽約，所以能拿到比較低廉的價格，會比自己去預定還要便宜。若是想要透過旅行社代訂，可以先將自己希望的旅館價位與條件等告訴客服人員，請他們推薦適合的幾家，並提供相關資料給你參考，然後再從中挑選出較符合自己理想的旅館，如此還可省下不少自行摸索蒐集資料的時間。

上綜合旅館網站預定

　　網路上有很多專門提供訂房的中、英文網站，在網路發達的今天，這種訂房網站已經成為許多人安排旅遊計畫時，尋找落腳旅館的最佳方法之一。通常進入網站、輸入你所要搜尋的城市或國家，就會列出按照價格或旅館等級高低排列的旅館，還可進一步查詢其位置、房間內設備等資訊。

　　這類型網站也和一般實體旅行社一樣，與許多的旅館簽訂合作協定，因此常會不定期推出各種優惠價格，運氣好的話真的可以省下不少住宿預算，以最超值的價格住到物超所值的旅館。

全球訂房比價網

　　英文網站。一個一個訂房網站來比價太麻煩，有了這個比價系統就方便多了。只要輸入地區、旅店名稱、住宿日期等條件，該網站就會自動進入 100 多家大型的全球訂房平台網站來幫你比價，適合精打細算的旅客。

· www.hotelscombined.com.tw

Agoda 訂房網

　　全球性的訂房網站，有針對台灣所推出的繁體中文服務。提供從民宿、YHA、旅店到五星級豪華旅館等多種豐富的住宿選擇。訂房操作系統簡便，除了不定期推出的特惠方案之外，每周五也會推出優惠價格。

· www.agoda.com/zh-tw

Booking.com 繽客訂房網

這是同樣也有推出繁體中文服務的全球住宿訂房平台網站，配合的飯店數量繁多，線上訂房程序也很簡單易懂。另外，針對台灣還推出了客服專線，若有訂房上的問題，可直接透過電話聯繫。

· www.booking.com

Asiarooms 訂房網

顧名思義，這是一個專門提供亞洲地區國家的住宿訂房平台，其中泰國部分有數千家的旅館合作名單，光是曼谷地區就有超過 700 家以上的不同等級住宿選擇，不少泰國人也喜歡用這個網站訂房。

· www.asiarooms.com/zh-tw

Sawadee 訂房網

英文訂房網站。提供全泰國各地區的住宿預定服務，也經常不定期的和特約飯店、旅館推出價格非常迷人的特惠活動。除了曼谷地區之外，該訂房網站還有很多泰國各區的旅館，是旅遊泰國時的訂房好參考。

· www.sawadee.com

曼谷訂房網

詳細的曼谷地區訂房網站，可依照曼谷各個不同的分區來挑選旅館，也依旅館類型選擇，如精品旅館、公寓式旅店、度假公寓等。若選擇太多不知從何選起，該網站還提供不同主題的前 10 大受歡迎旅館讓網友參考。

· www.bangkok.com/hotels

旅館俱樂部國際訂房網

提供全球超過 126 個國家、約 5 萬多家旅館的線上訂房系統，點選曼谷與預定入住日期後，還可以再細分到以曼谷各分區來選擇。該網站也經常推出許多優惠活動。

· www.hotelclub.com

泰國訂房網

一個可以查詢全泰國各地區旅館的訂房網站，其中又以曼谷地區的旅館資訊最為豐富。除了可訂房，該網站也提供租車、當地旅遊等，以及飯店推出的套裝行程等訂購服務。

· www.hotelthailand.com/bangkok/bangkok.html

青年旅館預定網

可同時查詢與預定多家位在曼谷的青年旅館資訊，還可以觀看其他網友對於該旅館的評價。本網站不僅可查詢曼谷地區，也提供包含全泰國在內，以及其他海外熱門旅遊城市與地區的青年旅館查詢服務。

· www.hostelsclub.com/youth-hostels-tw-350-Bangkok.html

全球青年旅館訂房網

這個網站同樣是以提供便宜的青年旅館訂房系統為主，點選城市之後，即可查詢到該地區的多筆資料，不過該網站大部分是以歐元計費。

· www.hostelbookers.com

Info 用信用卡線上訂房

無論是透過綜合訂房網站的線上訂房系統，或自行上該旅館的網站來線上訂房，現在幾乎都要以信用卡來預定。在訂房時，不管你是否選擇了線上付款的方式，系統多半還是會要求你輸入卡號、發卡日期、到期日等信用卡資訊，這樣才算完成預定的程序。大多數旅館在預定時並不會馬上扣款，而是先保留你的資料，等到 CHECK IN 之後，還是可以選擇要用現場刷卡或付現的方式來繳清住宿費。

這些信用卡資料用意在作為擔保，以防萬一你預定了房間卻未如期入住的話，該旅館或網站才會根據所提供的信用卡資料進行扣款。所以，若旅行計畫臨時生變，一定要記得去更改或取消訂房紀錄，免得因此還要賠上一大筆住宿費。此外，某些旅館或訂房網站也會有取消訂房需要沒收訂金的規定，因此在使用網路信用卡訂房時，一定要看清楚該網站或旅館的訂房相關規定。

線上訂房步驟示範

以泰國訂房網為例。

Step 1 選擇住宿日期和地區

　　在首頁先選擇要住宿的城市曼谷，以及入住、退房日期，還有所需的房間數與房型，然後點選「search now」，即可快速檢索。

Step 2 檢視飯店簡介

　　根據先前所輸入的條件進行檢索後，網站會列出符合條件的飯店，並條列價格、地址與星級評等，若符合旅客需求，可再點選進入檢視其詳細資訊。

Step 3 詳閱飯店內容

　　每一家飯店都有詳細說明，圖文並茂地介紹客房設施，並可參考地圖以了解地理位置及交通便利性。通常網頁上也會詳述此售價有沒有條件限制、含稅與否、有無包含早餐等，旅客需仔細閱讀此頁內容。

Step 4 確認訂房時間與房間數

　　如果檢視飯店內容後決定要訂房，即可再次確認入住時間、所需房型與房間數，點選「check availability & book」進行訂房。

Step 5 確認訂房資訊

　　確認飯店名稱、訂房日期與房價。

Step 6 再次確認訂房資訊

再次確認飯店名稱、訂房日期與房價，並且研讀取消訂房的相關規定等，接著就需填入訂房者資料。假如為會員，可直接登入；如非會員，則選擇「continue」以進入個人資料登錄頁面，在此填入姓名、國籍、E-mail 等資訊。

填入人

Step 7 填上信用卡付款資料

確認金額後，填上信用卡付款資料，包含卡號、到期日、持卡人姓名及發卡銀行名稱，即可完成訂房程序。最後記得將確認訂房的頁面列印下來，到達飯店時出示即可。

填入付款資料

自行預定

如果已經有確定的住宿目標，那麼自行向旅館預定也是一個不錯的方法。曼谷大多數的旅館都有自己的網站，其中又有不少旅館的網站還會推出線上訂購的優惠價。另外，也可透過電話或傳真方式預約。

在曼谷地區，無論任何旅館類型，幾乎都會有可用英語溝通的服務人員，有些甚至還有可說中文的服務人員，所以直接以電話或英文傳真預定，不失為一個直接又快速的方法。況且，在曼谷還是有部分的青年旅館或民宿，並沒有提供網站的服務，這時候就只能以電話直接預定了。

E-mail ／傳真訂房格式參考

TO：_____（旅館的名稱）

Hello!
I would like to make a reservation.
My booking details is：
Check in Date（入住日期）：_____／_____／_____（日／月／年）
Check out Date（離開日期）：_____／_____／_____（日／月／年）
Stay（停留）：_____ Nights（幾晚）
How many people（多少人）：_____ Audlt（成人）、_____Children（孩童）
Room Type（房間類型）：□Dormitory／Dorm（通鋪床位）
　　　　　　　　　　　　□Single Room（單人房）
　　　　　　　　　　　　□Double Room（雙人房：一大床）
　　　　　　　　　　　　□Twin Room（雙人房：兩小床）
　　　　　　　　　　　　□Triple Room（3人房）
　　　　　　　　　　　　□Family Room（家庭房，通常可睡3～4人）
　　　　　　　　　　　　□Standard Room（標準房）
　　　　　　　　　　　　□Suite Room（套房）
How many rooms（房間數量）：
Others room requests（其他訂房需求）：
　　　　　　　　　　　　□No Smoking Room（禁菸房間）
　　　　　　　　　　　　□Private Bathroom in the room（房間內附設衛浴）
　　　　　　　　　　　　□With Breakfast（含早餐）
　　　　　　　　　　　　□Extra Bed（加床）
　　　　　　　　　　　　□With View（有景觀的房間）／Balcony（陽台）

Please let me know if the reservation is no problem or not.
Thank you very much!
（請通知我是否確認訂房，謝謝！）

Please contact：
Surname（姓）：_____
Name（名）：_____
Telephone：_____
Fax：_____
E-mail：_____

BTS 沿線車站周邊住宿推薦

　　曼谷的各級旅店相當多，但對於自助旅行者而言，下榻於一間交通便利的旅館，可以免去每天的交通轉乘，節省不少時間。以下列出一些 BTS 沿線車站周邊的旅館，從平價旅店到高級飯店，供讀者依各自需求挑選。

BTS 站名	旅館類型	旅館名稱	網址
◎ Sukhumvit Line			
Sanam Pao	風格旅店	Vic3 Bangkok	www.vic3bangkok.com
	公寓旅店	Abloom Exclusive Serviced Apartments	www.abloombangkok.com
Victory Monument	度假飯店	Royal View Resort	www.royalviewresort.com
Phaya Thai	平價旅店	In a Box Hostel	www.facebook.com/inaboxhostel
	觀光飯店	The Sukosol Hotel	www.thesukosol.com
Ratchathewi	觀光飯店	VIE Hotel Bangkok	www.viehotelbangkok.com
	風格旅店	Siam Swana Hotel	www.siamswana.com
Siam	觀光飯店	Novotel Bangkok on Siam Square	www.novotel.com/gb/hotel-1031-novotel-bangkok-on-siam-square/index.shtml
	觀光飯店	Siam Kempinski Hotel Bangkok	www.kempinski.com/en/bangkok/siam-hotel/welcome
Chit Lom	觀光飯店	Centara Grand At Central World	www.centarahotelsresorts.com/centaragrand/cgcw/index.asp
	觀光飯店	Grand Hyatt Erawan Bangkok	www.bangkok.grand.hyatt.com/en/hotel/home.html
	觀光飯店	InterContinental Bangkok	www.ihg.com/intercontinental/hotels/cn/zh/reservation
	公寓旅店	Cape House	www.capehouse.com
	風格旅店	Hotel Muse Bangkok Langsuan	www.hotelmusebangkok.com
Phloen Chit	風格旅店	The Moonite Boutique Hotel	www.themoonite.com
Nana	風格旅店	Salil Hotel Sukhumvit Soi 11	www.salilhotel.com/sukhumvit-soi11/index.html
	公寓旅店	Adelphi Suites	www.adelphisuites.com
	觀光飯店	Galleria 10 Hotel Bangkok	www.galleriatenbangkok.com
	平價旅店	CheQinn Bangkok Hostel	www.cheqinn.com

Asok	觀光飯店	Grande Centre Point Sukhumvit- Terminal21	www.centrepoint.com/grande_t21
	風格旅店	S15	www.s15hotel.com
	風格旅店	Dream Bangkok	www.dreamhotels.com
Phrom Phong	公寓旅店	Emporium Suites by Chatrium	chatrium.com/chatrium_emporium
	平價旅店	1Yolo Hostel	www.1yolo.com
	風格旅店	The Eugenia	www.theeugenia.com
Phra Khanong	風格旅店	Ds67 Suites	www.ds67suites.com

◎ Silom Line

National Stadium	風格旅店	Siam@Siam, Design Hotel & Spa	www.siamatsiam.com
	平價旅店	Lub d Bangkok –Siam Square	www.lubd.com
	平價旅店	Wendy House	www.wendyguesthouse.com
Ratchadomri	觀光飯店	Four Seasons Hotel Bangkok	www.fourseasons.com/bangkok
	公寓旅店	Rongratana Executive Residence	rongratanaexecutiveresidence.y-ltd.com
Sala Daeng	觀光飯店	The Dusit Thani Bangkok	www.dusit.com/dusit-thani.html
	風格旅店	The Inn Saladaeng	www.theinnsaladaeng.com
	公寓旅店	The Regent Silom	www.theregentsilom.com
	平價旅店	Urban House	www.urbanh.com
Chong Nonsi	觀光飯店	W Bangkok	www.whotelbangkok.com
	風格旅店	i Residence Hotel Silom	www.iresidencehotel.com
	平價旅店	Silom Art Hostel	www.silomarthostel.com
Surasak	公寓旅店	Marvin Suites	www.marvinsuites.com
	平價旅店	Littlest Guesthouse	www.littlestguesthouse.com
	平價旅店	Saphaipae Hostel	www.saphaipae.com
	觀光飯店	Eastin Grand Hotel Sathorn	www.eastingrandsathorn.com
Saphan Taksin	觀光飯店	lebua at State Tower	www.lebua.com/state-tower

Part 3

往返機場
Getting There & Away

出境

抵達蘇汪納蓬國際機場

市區 VS 機場往返

返回台灣

出境

Step 1 **航空公司櫃台報到及託運行李**

　　於班機起飛前 2 小時抵達機場，找到欲搭乘的航空公司櫃台，持護照與機票辦理 CHECK IN，同時將大件行李交付託運。辦理行李託運需注意，只要是尺寸大於長 56 公分、寬 36 公分、高 23 公分，就不能當做隨身行李帶上飛機，必須交付託運。

　　行李最好掛上行李牌，標示中英文姓名、住址與聯絡電話，方便提領行李時辨識用，若遇行李遺失等意外狀況，也有助尋回行李。此外，行李的重量也都有限制，經濟艙的託運行李限重多為 20 公斤，若超重需支付超重費用。

Step 2 **護照查驗**

　　前往證照查驗櫃台，依序排隊等候，待進入證照查驗管制區後，出示護照及登機證，供海關人員查驗，而為加速通關作業，需取下護照的保護套。若在台無戶籍，則另需填寫出境登記表。

Step 3 **安全檢查**

　　男女分別進入安全檢查區，將隨身行李置於輸送帶上，進行 X 光檢查。若身上有鑰匙、硬幣、行動電話等金屬物品，須取下置於籃中，經輸送帶進行檢查。

　　若隨身攜帶乳液、飲料、牙膏等液態、膠狀或噴霧類物品，每項容器的體積不可超過 100 毫升，並須裝在小於 1 公升且可重複密封的透明塑膠袋內，經 X 光及檢查人員目視檢查，才可帶上飛機。

Step 4 **等候登機**

　　登機證上標註有登機時間與登機門的編號，旅客須及時抵達登機門。在登機之前，可以在機場內的免稅商店逛逛、購物。

Info

桃園機場飛往曼谷各航空公司位置

　桃園國際機場分為一、二航廈，旅客須先確認自己搭乘的航空公司櫃台在第一航廈或第二航廈，再行辦理報到。
☆ 第一航廈的航空公司：中華航空、泰國航空、復興航空。
☆ 第二航廈的航空公司：長榮航空。

桃園國際機場一、二航廈樓層介紹

　1 F　出境大廳：旅客報到櫃台、外幣兌換、旅遊保險
　　　　　　　　購買處
　　　　入境大廳：觀光局服務台、巴士站、簡易餐廳、
　　　　　　　　電信公司服務台
　　　　行李大廳：行李提取轉盤、海關檢查
　2 F　航空公司貴賓室
　3 F　出境證照大廳：證照查驗台、出境安全檢查、候
　　　　　　　　　機處與登機門、商店
　　　　入境證照大廳：證照查驗台、檢疫查驗、外幣兌
　　　　　　　　　換、免稅商店

高雄國際航空站樓層介紹

　1 F　入境大廳：行李提取轉盤、海關檢查、證照查驗
　　　　　　　　台、檢疫查驗、觀光局服務台
　3 F　出境大廳：旅客報到櫃台、外幣兌換、旅遊保險
　　　　　　　　購買處、電信公司、證照查驗台
　　　　東西翼：候機處與登機門、商店

抵達蘇汪納蓬國際機場

Step 1 填寫入境卡

通常，在飛行途中，空服員會發放泰國的入境卡，或者在曼谷的海關入境審查處也可取得表格。建議可在機上就先行填寫，以節省降落後辦理入境的時間。要提醒的是，入境卡其實分為兩部分，入境時海關會取下入境部分聯，另外一半為出境聯，連同護照會還給遊客，此部分請妥善保管，出境時海關會收回。

Step 2 檢疫

如果有發燒、腹瀉等身體異常現象，須向檢疫官或健康諮詢室申報。

Step 3 入境審查

抵達蘇汪納蓬機場後，循「Arrival」指標，即前往入境審查大廳。旅客須依序排隊等候辦理，將護照與入境卡交予入境審查官檢視，即完成入境查驗。

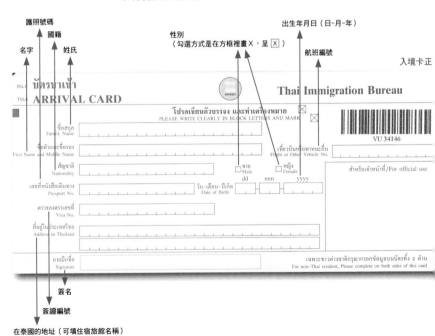

※入境卡右聯為出境卡，海關查驗後，會將出境卡釘在護照內頁，出境時須填寫。

Step 4 提領行李

完成入境審查後，循指標「Baggage Claim」方向，即可抵達行李提領區域。首先查看電視螢幕，螢幕上詳列各個航班的行李所在區域號碼，依自己的航班找到行李轉盤號碼後，即可前往等候領取行李。

Step 5 通過海關

領到行李，還要再通過海關。若攜帶的物品沒有需要申報、課稅的物品，可直接走綠色通道通關；但若有需要申報、課稅的物品，則須走紅色通道，並接受海關人員檢查。

Info

禁止與限制攜帶進入泰國的物品：
☆ 毒品、興奮劑、大麻、安非他命等。
☆ 違反智慧財產法的各種偽造品。
☆ 武器、槍彈與火藥等爆炸物品。
☆ 通訊與電信儀器。
☆ 香菸、雪茄與酒類。

每一成人可攜帶的免稅範圍：
☆ 僅供個人使用的物品，價值須在 10,000Baht 之內。
☆ 香菸、雪茄 200 支，總數須在 250 公克以內。
☆ 酒類：1 公升以內。

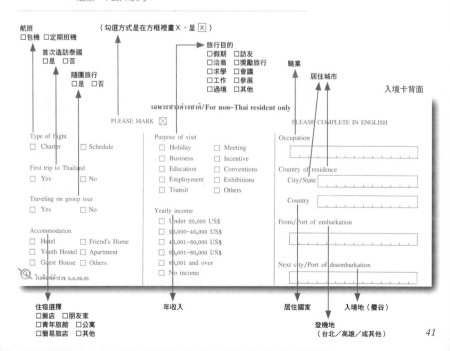

航班
□包機 □定期班機

首次造訪泰國
□是 □否

隨團旅行
□是 □否

（勾選方式是在方框裡畫 X，呈 ⊠ ）

旅行目的
□假期 □訪友
□洽商 □獎勵旅行
□求學 □會議
□工作 □參展
□過境 □其他

職業

居住城市

入境卡背面

เฉพาะชาวต่างชาติ/For non-Thai resident only

PLEASE MARK ⊠

PLEASE COMPLETE IN ENGLISH

Type of flight
□ Charter   □ Schedule

First trip to Thailand
□ Yes   □ No

Traveling on group tour
□ Yes   □ No

Accommodation
□ Hotel   □ Friend's Home
□ Youth Hostel   □ Apartment
□ Guest House   □ Others

โรงพิมพ์ตำรวจ 5.0.09.06

Purpose of visit
□ Holiday   □ Meeting
□ Business   □ Incentive
□ Education   □ Conventions
□ Employment   □ Exhibitions
□ Transit   □ Others

Yearly income
□ Under 20,000 US$
□ 20,000–40,000 US$
□ 40,001–60,000 US$
□ 60,001–80,000 US$
□ 80,001 and over
□ No income

Occupation
[   ]

Country of residence
City/State [   ]

Country
[   ]

From/Port of embarkation
[   ]

Next city/Port of disembarkation
[   ]

住宿選擇
□飯店 □朋友家
□青年旅館 □公寓
□簡易旅店 □其他

年收入

居住國家

入境地（曼谷）

登機地
（台北／高雄／或其他）

蘇汪納蓬機場入境層（2樓）平面圖

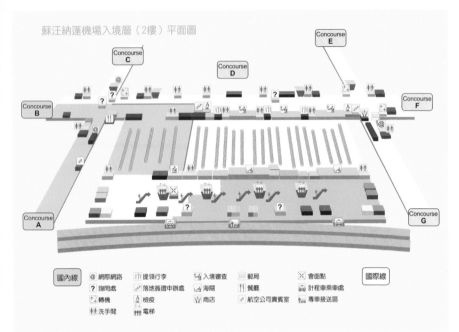

國內線					國際線
@ 網際網路	提領行李	入境審查	郵局	會面點	
? 詢問處	落地簽證申辦處	海關	餐廳	計程車乘車處	
轉機	檢疫	商店	航空公司貴賓室	專車接送區	
洗手間	電梯				

（F.R. AC.）

蘇汪納蓬機場出境層（4樓）平面圖

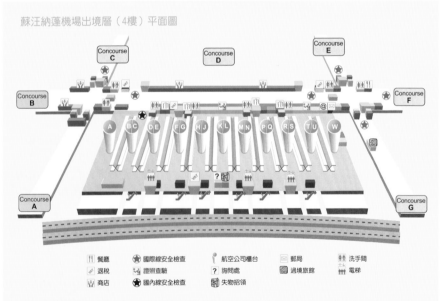

餐廳	國際線安全檢查	航空公司櫃台	郵局	洗手間
退稅	證照查驗	? 詢問處	過境旅館	電梯
商店	國內線安全檢查	失物招領		

（F.R. AC.）

市區 VS 機場往返

自機場前往曼谷市區

　　位於曼谷市區東方大約 30 公里處的蘇汪納蓬國際機場（Suvarnabhumi Airport），於 2006 年 9 月正式營運，提供國際、國內線班機的起降服務，取代原本的東門國際機場（Don Mueang Airport），而成為曼谷主要的對外空運門戶。

　　從蘇汪納蓬機場到市區，有多種交通方式，最快捷的是機場捷運，同時有多條巴士路線，此外也有計程車與專車接送服務。

機場捷運

　　曼谷機場捷運（Airport Rail Link）已於 2009 年 8 月通車，由蘇汪納蓬機場至市區的 Phaya Thai，全長共 28.6 公里。

　　機場捷運又分 3 條路線：

· 橘線 Phaya Thai Express Line，自機場直達 Phaya Thai，全程約 17 分鐘，票價為單程 90Baht、來回 150Baht。

· 紅線 Makassan Express Line，自機場直達 Makassan，全程約 15 分鐘，票價為單程 90Baht、來回 150Baht。

· 藍線 Suvarnabhumi Airport City Line，自機場經 Lat Krabang、Ban Thap Chang、Hua Mak、Ramkhamhaeng、Makkasan、Ratchaprarop，至終點站 Phaya Thai，票價為 15 至 45Baht，全程約 30 分鐘。

　　旅客可視目的地，選擇於 Makassan 站轉乘地鐵 MRT，或於 Phaya Thai 站轉乘空鐵 BTS。

Data

機場捷運
◎ 電話：0-2308-5600
◎ 搭乘處：機場 B1
◎ 營運時間：06:00~ 凌晨 00:00
◎ 費用：單程 15~90Baht 不等

公共巴士

公共巴士（Public Bus）是最經濟實惠的交通方式，雖然票價低廉，但曼谷市區路況常有壅塞情事，若預算有限、不趕時間、行李簡便，可以採用此方式。除了往市區的巴士路線之外，也有一些往外縣市（如芭達雅 Pattaya）的長途巴士，可向 Intercity Bus 服務櫃台詢問。

Data

公共巴士
◎ 電話：0-2246-4262
◎ 搭乘處：機場 1F，7 號門前有 Intercity Bus 服務櫃台
◎ 營運時間：各路線不同
◎ 費用：24~35Baht 不等

往返機場與市區公共巴士資訊：

路線	目的地	行經區域
550	Happy Land	Happy Land (On Nuch Road) → Praves District → On Nuch Intersection → Bangkapi Intersection → Happy Land
553	Samutprakarn	Samutprakarn(Kingkaew Road) → Wat Salud (Bangna-Trad) → Ramkhamhaeng 2 → Srinakarin Road → Theparak Intersection → Crocodile Farm → Samutprakarn (Pak nam)
554	Rangsit	Rangsit(Ram Intra Road) → Lak Si → Vibhavadee Ransit → Don Muaeng → Rangsit
555	Rangsit	Ransit (Rama 9 Expressway) Dindaeng → Suthisarn → Vibhavadee Rangsit → Kasetsart University → LakSi → Don Muaeng → Rangsit
558	Samae dam Garage	Central Rama 2 (Expressway) Bangna → Trad Road → Daokanong → Exit at Wat Son → Suksawas Road → Ram 2 Road → Central Rama 2 → Samae dam Garage

計程車

機場有排班計程車（Public Taxi），旅客需先向櫃台登記領取單據後，再坐上車。計程車以跳錶計價，因此旅客上車後，須注意司機是否按下里程錶。機場的排班計程車，除了跳錶計費，還會外加 50Baht 的服務費，如經收費站也須另付過路費。一般而言，從機場乘坐計程車至市中心，加了服務費與過路費後，總價約為 300 至 400Baht，2 人以上均攤車資較為划算。

要注意的是，許多計程車司機不識英文，因此

Data

計程車
◎ 搭乘處：機場 1F，4、7 號門前
◎ 營運時間：24 小時

許多旅館的網頁都有泰文地圖或泰文交通指引，建議行前列印攜帶，方便計程車司機前往。

專車接送

若想要更舒適些，可以使用專車接送（Limousine Service）。旅客可至 2 樓入境層的「Limousine Airport Taxi」櫃台，選擇屬意的車型，並告知欲前往的地點。

計價方式是依車型和前往地點的距離計算，一般而言，前往市中心的價格約 700 至 1,900Baht。

Data

專車接送
◎ 電話：0-2134-2323
◎ 搭乘處：機場 2F，5 號門前
◎ 營運時間：24 小時

自曼谷市區前往機場

要回台灣時，由曼谷市區返回蘇汪納蓬機場的交通路線，與機場至曼谷市區相同，只是乘車地點不如機場一目瞭然，需花一點時間了解要搭乘的車程、乘車地點、轉乘方式。尤其，從蘇汪納蓬機場進入市區時，通常沒有時間上的壓力，只要能順利抵達飯店即可；但回程時，必須考量機場

報到、出境等各項手續所需的時間,要在航班起飛前 2 小時抵達機場,因此在抵達的時間準備格外重要。

機場捷運

自市區直達機場的機場捷運,可免於塞車之苦。同樣有自 Phaya Thai 直達機場的紅線 Phaya Thai Express Line、自 Makkasan 直達機場的橘線 Makassan Express Line,以及自 Phaya Thai 經數站的藍線 Suvarnabhumi Airport City Line。

此外,若是搭乘泰航國際線離境,旅客可於班機起飛前的 3 至 12 小時內,至 Makkasan 站 3 樓辦理預先登機。但此項服務僅於每日 08:00 至 21:00 提供,且旅客必須搭乘橘線 Makassan Express Line 前往機場。旅客也可於購買機場捷運車票後,請服務人員註明 re-entry,再至櫃台辦理報到、行李託運,之後便可繼續於市區遊逛。但未免趕不上班機,請務必預查車班,並預留乘車與通關時間。

公共巴士

雖然較經濟實惠,但市區交通壅塞情況難以預測,若因預算有限而選擇搭乘公共巴士,建議預留較多的交通時間。

計程車

可以自行在路邊攔車,多為跳錶計價,如經收費站再加過路費;也可預約請旅店代為叫車,須事前詢問確認費用。

專車接送

要事先預約,通常各旅店都可代為安排。

返回台灣

Step 1 航空公司櫃台報到及託運行李

　　於班機起飛前 2 小時抵達機場，辦理報到手續。旅客可參考航班看板，找到航空公司櫃台後，即可辦理報到。

Step 2 填寫出境卡

　　入境時，海關人員將出境卡釘於護照內頁，旅客須於出境前填妥出境卡，以便後續出境程序。

Step 3 證照查驗

　　出示護照、登機證與出境卡辦理手續。

Step 4 辦理退稅

　　若在泰國境內消費達退稅標準（參見 p.151），可先至退稅櫃台辦理。

Step 5 安全檢查

　　通過金屬探測門，進行隨身物品與行李的檢查。

Step 6 等候登機

　　登機證上標註有登機時間與登機門的編號，旅客須及時抵達登機門。

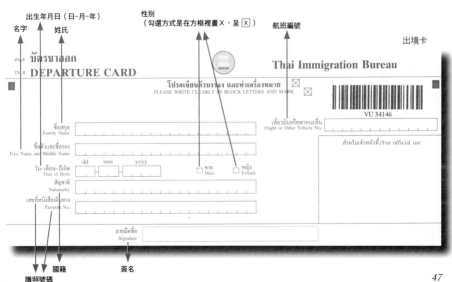

Part

4

市區交通

Getting Around In Bangkok

認識曼谷交通

空鐵 BTS

地鐵 MRT

水上交通

認識曼谷交通

　　曼谷是泰國最大的都會，市區車流量極高，因此常有壅塞情況，尤其是上下班時段，一些較重要的路段更是會呈現車輛動彈不得的窘況。因此，在曼谷旅行，最方便的交通方式就是搭乘捷運系統。

捷運

　　曼谷的捷運系統分為高架的空鐵（BTS），以及行駛於地下的地鐵（MRT），兩種系統雖然各自獨立、站體也是分開的，但轉乘尚稱便利。MRT 的 Sukhumvit、Silom 站分別與 BTS 的 Asok、Sala Daeng 站連通，旅客必須先出站，再依循指標前往另一系統站內，即可轉乘。關於 BTS、MRT 的詳細介紹與搭乘方式請見 p.55、58；沿線旅遊重點請見 p.68、92。

計程車

　　曼谷的計程車數量相當多，幾乎隨時隨地都能見到車身漆成各種亮麗色彩的計程車。然而，計程車雖然便利，但因許多計程車司機不識英文，除非旅客先列印好目的地的泰文地址與交通指引，否則可能要與司機雞同鴨講好一段時間，或者根本就被載到錯誤的目的地；而且少數不肖司機眼見乘客是外國人，會繞遠路或加價，造成糾紛、影響遊興。

高速巴士 BRT

　　高速巴士（Bus Rapid Transit）自 BTS 的 Chong Nonsi 站發車，沿線僅 12 站，由於擁有專用車道與候車站，因此較不易受壅塞的交通所影響。但 BRT 沿線較少景點，除非旅客下榻的旅店就在 BRT 站旁，否則使用機會不高。

曼谷捷運全圖

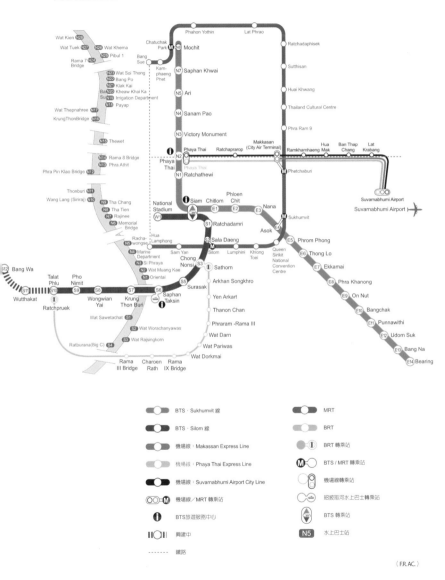

	BTS．Sukhumvit 線			MRT
	BTS．Silom 線			BRT
	機場線：Makkassan Express Line			BRT 轉乘站
	機場線：Phaya Thai Express Line			BTS / MRT 轉乘站
	機場線：Suvarnabhumi Airport City Line			機場線轉乘站
	機場線／MRT 轉乘站			昭披耶河水上巴士轉乘站
	BTS旅遊服務中心			BTS 轉乘站
	興建中		N5	水上巴士站
	鐵路			

（F.R. AC.）

巴士

　　曼谷的巴士網絡相當綿密，幾乎各個地方都有巴士行經，但對外國旅客而言，許多巴士站牌上都只有泰文，無法確認哪個路線才行經自己要去的目的地，加上許多車掌與司機也不懂英文，因此較為不便，但其實車資相當便宜，有機會不妨體驗看看。

嘟嘟車

　　泰國各地相當常見的嘟嘟車，可說是種結合摩托車與三輪車的特殊交通工具。嘟嘟車通常並不跳錶計價，因此在乘車之前，乘客必須先告知目的地，司機開價之後，也常常需要一番討價還價才能成交。嘟嘟車雖是種具泰國特色又機動性高的交通工具，但一直以來都有一些糾紛傳出，像是司機會將乘客帶到他能收取佣金的旅館、購物站等，也因為嘟嘟車並沒有車門，旅客坐在車上必須小心護著隨身物品，否則偶爾也會發生搶劫、偷竊事件。

摩托計程車

　　在曼谷街頭的許多路口，尤其在捷運站出口附近，都會見到一群身著鮮豔背心的摩托車騎士，這些就是摩托計程車。摩托計程車也是以距離收費，通常在各個摩托計程車乘車處，都張貼有前往各地的公定收費價。摩托計程車雖然沒冷氣、舒適度較低，但在經常壅塞的曼谷市街，顯得機動性極高，尤其適合短途搭乘。

嘟嘟車　　　　　　　　　　　　　　　　　　摩托計程車

雙條

將小貨車的後方改裝，裝上兩排長座椅，就是泰國當地的特色交通工具──雙條，泰文讀音為「聳條」。雙條有固定的停靠招呼站，也有固定的行駛路線，不過對外國旅客來說，因路線辨別不易，使用率較低。

水上巴士

昭披耶河向來是曼谷的重要水路，雖然隨著時代演替、陸路交通的重要性與便利性提高，但昭披耶河的水上巴士仍然為當地居民的日常交通，肩負了重要任務。對外國旅客而言，搭乘水上巴士，是前往大皇宮一帶旅遊據點最便利的大眾交通方式。關於水上巴士的搭乘方式請見 p.59，而沿線的旅遊重點則見 p.98。

Info

曼谷的地址

為了方便前往特定景點或店家，除了參考地圖，大約認識當地的地址寫法，也會對於查找景點有所幫助。在泰文中，Thanon（簡寫 Th）是街道、Soi 就是巷道，因此在曼谷常會見到 Th xxxx，意思就是 xxxx 路。和台灣一樣，曼谷的街道兩側各為單、雙號，但不一樣的是，在台灣並不會將巷道獨立出來標號。也就是說，在台灣，同一條路上的 1 巷與 9 巷，可以推算兩者只有 3 間房子的距離，應不會太遠；但在曼谷，同一條路上的第一條巷子是 1 巷，第二條巷子則是 3 巷，以此推算，1 巷與 9 巷之間恐怕已有 4 個街區，距離難以預估，可別以為兩者之間很近而徒步前往。

空鐵 BTS

　　於 1999 年底開通的 BTS（Bangkok Mass Transit System Skytrain），串連了曼谷主要的商業中心，像是許多購物中心所在的蘇坤蔚（Sukhumvit）地區，以及商業辦公重鎮的席隆（Silom）地區。因此它可以說是曼谷居民相當仰賴的交通方式，也是旅客遊覽曼谷最普遍使用的交通工具。

　　空鐵 BTS 共有 2 條路線，以淺綠色標識的蘇坤蔚線（Sukhumvit Line），自市區北側的 Mochit 起站，沿著 Phaya Thai 路南行，至暹邏（Siam）站轉向，沿 Sukhumvit 路東行，直至 Bearing 站為止。至於以深綠色為識別的席隆線（Silom Line），自國家體育館站（National Stadium）沿拉瑪一世（Rama I）路東行，經暹邏站後轉向，之後再跨過昭披耶河，至 Talat Phlu 站為終站。

　　蘇坤蔚線與席隆線於暹邏站交會，兩路線之間轉乘十分便利，毋須出站，只須循指標轉換月台即可。

行駛時間與注意事項

Data

空鐵 BTS
◎ 網址：www.bts.co.th
◎ 電話：0-2617-6000

旅遊服務中心
◎ BTS 於 Saphan Taksin、Siam 與 Phaya Thai 站內均有設，提供旅遊諮詢、上網服務，並販售昭披耶河船票。
◎ 開放時間：08:00～20:00
◎ 電話：0-2617-7340

　　BTS 的行駛時間為 06：00 至凌晨 00：00，其中 07：00 至 09：00、17：00 至 20：00 為通勤的尖峰時間。由於每一班車僅 3 節車廂，尖峰時間內幾乎都相當擁擠，建議旅客盡量避免在這段時間乘車。此外，BTS 車站內與車廂內均禁止吸菸、飲食。

Info BTS 的讓座文化

在 BTS 車廂內，可於座位上方見到黃色的方型標識，用意是提醒旅客讓座。讓座對象除了老弱婦孺之外，還有個特別的標識，是提醒旅客讓座給和尚，這也是只有在虔信佛教的泰國才能看見的獨特情景。

好用的交通票券

One-Day Pass

這張一日券售價為 130Baht，可當日不限次數乘坐 BTS，但只限當日有效。因此，如果有某天的行程需要多次搭乘 BTS，購買此卡會較划算。

兔子卡 Rabbit Card

兔子卡 Rabbit Card 是類似台北悠遊卡的儲值卡，首次購買卡片金額為 200Baht，內

Data
兔子卡　Rabbit Card
◎ 網址：www.rabbitcard.com/en

含 50Baht 的押金（可退還）、50Baht 的手續費（不可退還）以及 100Baht 的可使用額度。買了這張卡片後，每次乘車前就不須再花時間購票，只需感應即可通過閘門。

兔子卡的儲值方式分為兩種，一種是以 100Baht 為單位儲值，每次使用時依搭乘距離扣款；一種是依次數儲值，以普通成人票而言，15 次 375Baht、25 次 575Baht、40 次 840Baht、50 次 1000Baht，須於 30 天內使用完畢，若每次乘車距離較長則可考慮計次加值。

除了搭乘 BTS，兔子卡也可用於搭乘 MRT、BRT，部分商家也接受以兔子卡消費，不時還結合商家推出優惠活動。

如何購票與搭乘？

Step 1 **參考路線圖與票價**

參考車站內的路線圖，找到自己要前往的車站，站名旁標示的數字為區段，依距離遠近分為 6 個區段，再對照路線圖上方的各區段票價，金額從 15 至 40Baht。

Step 2 兌換零錢

　　BTS 的售票機大多只收 5Baht 與 10Baht 硬幣，只有少數售票機可收紙鈔，若沒有零錢可至櫃台兌換。

Step 3 選擇區段

　　選擇目的地所屬的區段。

Step 4 投入票價

　　投入所需的金額。

Step 5 取出車票

　　取出車票與找零。

Step 6 進站

　　插入票卡，取回票後即可進站，於月台候車。

地鐵 MRT

　　MRT（Metropolitan Rapid Transit）的建置晚於 BTS，
2004 年才通車，目前僅有 Chaloem Ratchamongkhon 一條路
線，以藍色標識，從華藍蓬（Hua Lamphong）站起行，沿
著拉瑪四世（Rama IV）路東行，至詩麗吉國際會議中心
（Queen Sirikit National Convention Centre）站轉向，沿著
Ratchadaphisek 路北行，於 Lat Phrao 站後轉往西行，至 Bang
Sue 站為止。根據規劃，未來藍線將往西延伸至昭披耶河西
岸，此外尚有橘線與紫線的建構，屆時曼谷的地鐵網絡將更
綿密完整。

　　為了加強安全維護，MRT 站內進行安全檢查，旅客必
須先經過金屬探測門，並須配合警察要求打開隨身包包接受
檢查，以確認旅客沒有攜帶危險物品

行駛時間與注意事項

　　MRT 的行駛時間為 06：00 至凌晨 00：00，其中 06：
00 至 09：00、16：30 至 19：30 為配合通勤族的需求，車
班頻繁，約每 5 分鐘就有一
班車，其餘屬離峰時間，班
次間隔約 10 分鐘以內。

Data

地鐵 MRT
◎ 網址：www.bangkokmetro.co.th
◎ 電話：0-2354-2000

好用的交通票券

　　MRT 販售多種交通票券，一日券
售價為 120Baht，可當日不限次數乘
坐，但只限當日有效。其餘尚有 3-Day
Pass、30-Day Pass，售價分別為 230Baht
與 1,400Baht。不過，一般旅客常去的
景點，僅有少數位於 MRT 沿線，所以
除非旅客下榻的飯店就在 MRT 車站附
近，否則不妨每次購買單程票；若有購
買兔子卡，即可使用於 BTS、MRT 與
BRT，更為方便。

如何購票與搭乘？

Step 1 選擇英文版本

從售票機螢幕的右上角選擇英文界面。

Step 2 選擇目的地

於螢幕上的路線圖點選欲前往的車站名稱。

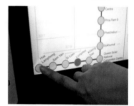

Step 3 投入票價

根據螢幕右方顯示票價，投入所需金額，機器接受 1、5、10Baht 的硬幣，以及 20、50、100Baht 的紙鈔。

Step 4 取出車票

取出車票與找零，車票為代幣形式。

Step 5 進站

感應代幣後即可進站。

Step 6 月台候車

確認乘車方向後，於月台候車。

水上交通

昭披耶河水上巴士

　　流經曼谷市區西側的昭披耶河，是昔日重要的交通水道，往來船隻帶來了各地的農產與商品，活絡的交易，也帶動了曼谷的發展，因此具有舉足輕重的意義。昭披耶河水上巴士不僅是種交通工具，也是種旅遊樂趣，乘船從河面上看著河岸風光，從傳統古意的寺廟，到現代新穎的摩天大樓，似乎也能看到曼谷的發展脈絡與今昔對比。

　　船等簡介如下：

當地交通船　Local

　　沒有旗幟標示，北從 Nonthaburi（N30）、南至 Wat Rajsingkhon（S3），共 34 站每站皆停，因此速度最慢。營運時間 06：00 至 08：40、15：00 至 18：00。

橘旗快速船　Express

　　以橘色旗幟標示，北從 Nonthaburi（N30）、南至 Wat Rajsingkhon（S3），只停靠較重要的 18 站，因停站少、速度較快。營運時間 05：50 至 18：40。

藍旗快速船　Express

以藍色旗幟標示，北從 Nonthaburi（N30）、南至 Sathon（CEN），只停靠較重要的碼頭，但營運時間較短，僅周一至五的 07：00 至 07：45、15：00 至 16：20。

黃旗快速船　Express

以黃色旗幟標示，北從 Nonthaburi（N30）、南至 Rat Burana（S4），只停靠 10 站，營運時間 06：10 至 08：40、15：45 至 19：30。

乘船時，可先至碼頭參考路線圖，確認欲前往的目的地有哪些船隻停靠，待船靠近，再由旗幟判斷是否為自己要搭的船。某些碼頭有售票人員，可以先行購票，而售票人員通常也會提醒遊客搭上正確的船；某些碼頭沒有售票人員，上船後即有售票員前來

Data

昭披耶河水上巴士
◎ 網址：www.chaophrayaexpressboat.com
◎ 電話：0-2623-6001

收費。若不確定哪艘船可搭，可於船隻靠岸時，詢問船上工作人員，只要説出自己要前往的站名，若會停靠該站，對方便會示意上船。

對於外國旅客來説，要記憶站名並不容易，尤其很多站名都很相似，不過曼谷有關當局設計了相當易懂的識別方式。以 Sathon 站為中心，代號為 CEN；由此往北各站代號依序從 N1 至 N33；由 CEN 往南，各站代號依序從 S1 至 S4。因此旅客只要認清代號，就不致混淆。

空桑盛運河交通船

除了昭披耶河的水上巴士之外，在曼谷，還有一條交通繁忙的空桑盛運河（Khlong Saen Saep）。空桑盛運河是不少曼谷人每天上下班所必須搭乘的交通工具之一，也是橫貫曼谷市中心東西向的主要水上交通渠道。

若是想要用最快的速度從大皇宮區或考山路附近前往熱鬧的水門市場（Pratunam Market）、Central World 購物中心等地，搭乘空桑盛運河是最快的方式之一，不僅一班船即可抵達，比起搭巴士又可省去塞車之苦。不過，搭空桑盛的交通船得有些心理準備，這裡搭乘的民眾上下船速度都很迅速，也因此船隻停靠岸的時間很短，所以手腳記得要夠快，而上船之後，最好坐中間一點的位置，若是坐在船身兩側，則記得一定要主動拉起帆布

簾，不然速度頗快的汽艇噴起來的水花會濺得全身都是，況且，這運河的水看起來並不太乾淨，還是避免沾上身好。

以水門站（Pratunam）為分界點，空桑盛運河分為往東邊的 Nida 線和往西的 Golden Mount 線兩條。而對海外遊客來說，最常使用到的是往大皇宮和考山區的 Golden Mount 這條線；Nida 雖然路線較長，但因為比較少經過觀光景點或商圈，所以遊客幾乎不會搭乘。

空桑盛運河交通船圖

Dusit Palace

考山路

大皇宮

臥佛寺

金山寺

Panfa
Leelard

Talad
Bobae

Sapan
Charoenpol

金‧湯普森
之家

Sapan
Hua
Chang

Baan
Krua
Nua

水門市場

Pratunam

Siam
商圈

Ratchaprasong

Chitlom

Wireless

Nana Nua

Nana Chard

Nana 商圈

Asoke-
Petchab

Pra

西線　Golden Mount Line

Stop 1 Pratunam：步行可抵達水門市場、Central World 購物中心、BIG C 購物中心、四面佛等。

Stop 2 Sapan Hua Chang：步行可抵達 Siam Paragon、Siam Discovery、Siam Center、MBK 等購物中心，以及 Siam Square 商圈和金・湯普森之家等。

Stop 3 Baan Krua Nua。

Stop 4 Span Charoenpol。

Stop 5 Talad Bobae。

Stop 6 Panfa Leelard：西線的終點站，靠近金山寺（Wat Saket，即 Golden Mount）、民主紀念碑（Democracy Monument），步行約 15 分鐘可達考山路。

Data

空桑盛運河交通船
◎ 營運時間：05:30~20:30
◎ 搭乘方式：上船後購票
◎ 費用：從 Pratunam 搭到終點站 Panfa Leelard，每人 12Baht

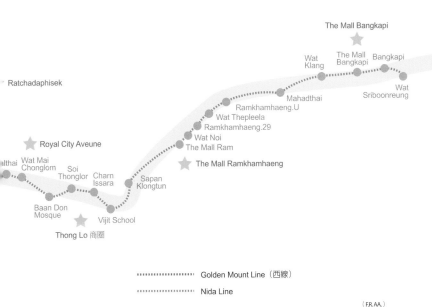

Ratchadaphisek

The Mall Bangkapi

Wat Klang　The Mall Bangkapi　Bangkapi

Wat Sriboonreung

Mahadthai

Ramkhamhaeng.U

Wat Thepleela

Ramkhamhaeng.29

Wat Noi

The Mall Ram

Royal City Aveune

The Mall Ramkhamhaeng

...althai　Wat Mai Chonglom　Soi Thonglor　Charn Issara　Sapan Klongtun

Baan Don Mosque　Vijit School

Thong Lo 商圈

.... Golden Mount Line（西線）

.... Nida Line

（F.R. AA.）

Part
5

遊玩曼谷
Travel In Bangkok

BTS 沿線
MRT 沿線
水上巴士沿線
購物血拼
泰式按摩 & SPA
PLUS 路線
行程規劃

曼谷
市區全圖
BANGKOK

藍色機場線：Suvarnabhumi Airport City Line
橘色機場線：Phaya Thai Express Line
紅色機場線：Makassan Express Line

Phahon Yothin
Chatuchak Park
Lat Phrao
Chatuchak Park
Mochit
Saphan Khwai
Ratchadaphisek
Intamara Rd
Sutthisanwinitchai Rd
Sutthisan
Huai Khwang
Robinson
家樂福
Carrefour
Jusco
Thailand Cultural Centre
泰國文化中心
Thailand
Culture Center
Phra Ram 9
Makassan
Phetchaburi
Rama 9 Rd
NEW PHETCHABURI RD
Rama 9 Rd
Nana
Westin
Terminal 21
Grand
Sheraton
Asok
Sukhumvit
Phrom Phong
Emporium
Thong Lo
詩麗吉會議中心
Queen Sirikit
National Convention
Center
Queen Sirikit National
Convention Centre
Khlong Toei
家樂福
Carrefour
Lotus
東部巴士站
(Ekkamai)
Ekkamai
Gateway Ekamai
家樂福
Carrefour
Jusco
Phra Khanong
RAMA 4 RD

LAT PHRAO RD
VIPHAWADI-RANGSIT RD
Ratchadaphisek Rd
Ratchadaphisek Rd
SUKHUMVIT RD
Soi 55, Sukhumvit (Soi Thong Lo)
Soi 63, Sukhumvit (Soi Ekkamai)
Soi 71, Sukhumvit (Phra Khanong-Khlong Tan)

家樂福
Carrefour
Lotus
On Nut

昭披耶河
Chao Phraya River

67

(F.R. AC.)

BTS 沿線

Sukhumvit 沿線

Mochit 站

Sukhumvit 線最北端的 Mochit 站雖然位於曼谷北郊，不若市中心的商業貿易繁盛，但此處也有相當多的往來人潮。因為 Mochit 站一帶是重要的交通轉運站，走出車站就可看到路邊成排的廂型車，車旁則總有個人負責向往來的人群招徠生意。由於只要坐滿就發車，機動性高，因此許多當地人都會採用這種交通方式。

此外，Mochit 車站附近還有北部與東北部巴士總站（North & Northeastern Bus Terminal），自曼谷往北行的巴士都由此出發。所以在 Mochit 車站經常可見到揹著大型背包的外籍旅客，他們要前往清邁（Chiang Mai）或其他北部、東北部地區，都會選擇自 Mochit 轉乘計程車至巴士總站，跳錶車資約在 50Baht 以內。這樣的轉乘方式，比起直接搭計程車要經濟實惠得多。

Mochit 站平時就有不少乘客往來，但每到周末更顯熱鬧，進出站的人似乎要把車站塞爆，這是因為洽圖洽周末市集（Chatuchak Market，詳見 p.94）就在附近。除了曼谷本地居民，還有來自世界各地的觀光客。雖然從 MRT 的 Chatuchak Park 站出站就抵達市集，但如果自 BTS 沿線前往，則不妨從 Mochit 站步行，就不需再換乘 MRT。

Data

北部&東北部巴士總站
◎ 電話：0-2936-2832
◎ 地址：Th Kamphaeng Phet

Victory Monument 站

造型好像是埃及方尖碑的勝利紀念碑（Victory Monument），位在曼谷市中心北側的 Phaya Thai、Phahonyothin Road 與 Ratchawithi 三條道路交會處，落成於 1941 年 6 月，是為了紀念 1940 年 12 月一場與法國在中南半島殖民軍隊所發生的戰役。該戰役歷時極短，至 1941 年 1 月便已告終，泰國方面有 59 名士兵殉難，卻也因為這場戰役，讓泰國重獲在 1893 年與 1904 年喪失的柬埔寨西部與寮國南部領地。

勝利紀念碑不僅具有歷史上的意義，也是交通運輸中心，附近就有個高速公路出口，不少中長途巴士均在此停靠

或發車。因此許多旅客都會在這裡乘車前往曼谷周邊的景區，如大城（Ayuthaya）、華欣（Hua Hin）等地，尤其是位置坐滿即開車的廂型車小巴，更是便利而受歡迎。

正因為這裡交通繁忙，往來的旅客眾多，應運而生的就是餐飲設施。勝利紀念碑東側有一處露天飲食中心，廣場上排放著滿滿的桌椅，讓來此乘車的旅客可以在此飽餐後再出發。雖然用餐環境並不特別完善舒適，但這兒的泰國菜口味道地、價位低廉，不妨就當作是體驗泰國飲食文化的好機會，加入當地人的行列，在此品嘗泰國街頭風味吧！

Phaya Thai 站

走出 Phaya Thai 站 4 號出口，沿 Phaya Thai 路右轉 Sri Ayudhya 路，行經 Florida Hotel 與 Decha Hospital 後，就能見到圍牆內透出的濃濃綠意，隱約還可見優雅的木造屋脊，這就是僻隱於市區的白菜園宮殿（Suan Pakkad Palace）。

顧名思義，此處曾是片種植白菜的園地，後來成為拉瑪五世（Rama V）之孫 Chumbhot-Pantip 王子及王妃的居所。既然是王室成員的宅邸，建築自然不馬虎，王子與王妃將家族傳承的屋宅自他處遷移至此重建。這 4 棟精緻的傳統泰式木造建築，就是白菜園宮殿內的建築主體，而愛好歷史與藝術的王子與王妃，也將這裡規劃為

接待與展示空間；之後又陸續新增了幾棟建築，同樣是展現傳統泰式建築工藝之美的木屋，展示內容也日益豐富且多元。

在館方人員的隨行導覽下，進入綠意蒼蒼的庭院，其中錯落著多幢木屋，每一棟都線條流暢、造型優美，與周邊的草木相襯，益發顯出古雅韻味。參觀者除了欣賞這些精美的傳統建築，更不能錯過內部展示，涵括各種藝術收藏品與王

室成員生活用品，都
相當值得欣賞。

Data

白菜園宮殿
◎ 網址：www.suanpakkad.com
◎ 電話：0-2245-4934
◎ 地址：352-354 Sri Ayudhya Road
◎ 開放時間：09:00~16:00
◎ 門票：外籍旅客 100Baht

Siam 站

Siam Paragon

　　暹羅（Siam）站為 BTS 的 Sukhumvit 線與 Silom 線交會
處，肩負著轉乘功能，再加上暹羅站周邊就是曼谷最熱鬧的
購物商圈之一，因此本站堪稱是 BTS 全線最繁忙的車站。
車站旁最醒目建築就屬 Siam Paragon。於 2005 年 12 月開
幕營業的 Siam Paragon，是泰國最大的購物中心之一，
內部有超過 350 間商家，包括精品珠寶、流行服飾、
3C 商品、居家生活用品、書店……，還有一間自營
的百貨公司（Paragon Department Store），幾乎各種購
物需求都可在此獲得滿足。

Data

Siam Paragon
◎ 網址：www.siamparagon.co.th
◎ 電話：0-2690-1000
◎ 地址：991 Rama 1 Road
◎ 營業時間：10:00~22:00

Siam Paragon 內有各式各樣的餐飲設施,除了地下樓層的美食街,也不乏餐廳、咖啡店,更有五星飯店,如東方文華酒店(The Oriental Bangkok)在此設置的 Café,提供精緻的餐飲享受服務,而且價格比在飯店內享用又更便宜了,所以也廣受大家的歡迎。

此外,Siam Paragon 也是一個娛樂中心,這裡有影城(Paragon Cineplex)、會議展演中心(Royal Paragon Hall)、劇院(Siam Opera Theatre),以及深受小朋友喜愛的海洋世界(Siam Ocean World),戶外廣場還有噴泉設施,假日時也不乏演唱會等活動,更是吸聚人氣。

Siam Center

Siam Paragon 的西側還與 Siam Center 和 Siam Discovery 兩棟購物中心相接,串連成為一個大型的血拼天堂。與 Paragon 相接的 Siam Center 是曼谷最老牌的百貨公司,1976 年開業,但在 2006 年重新改裝,並鎖定 30 歲以下的年輕人為主要客層,因此這棟 4 層樓的購物商場設計便以年輕、活潑為基調,像是色彩鮮麗的裝飾、個性十足的插畫等,都在在突顯這裡的年輕定位。此處販賣的商品也以年輕人的服飾、配件為主,另有一些泰國本地設計師的品牌。每至周末,還會舉辦時裝秀、音樂會等,炒熱商場氣氛。

Siam Discovery

隔壁 Siam Discovery 主打的是家庭與生活,超過 200 家的商鋪,不僅有流行服飾,同時提供時尚家飾、影音設備、

家庭娛樂等商品。另外，也有時髦的泰國紀念商品，其中位於 3 樓的 Loft 售有許多設計獨特的生活用品，很受當地人歡迎。

Data

Siam Center & Siam Discovery
◎ 網址：www.siamcenter.co.th、www.siamdiscovery.co.th
◎ 電話：0-2658-1000
◎ 地址：989 Rama 1 Road
◎ 營業時間：10:00~21:00

暹羅廣場 Siam Square

　　與 Siam Paragon、Siam Center 隔街相對的是暹羅廣場（Siam Square），這個包含十餘條街道的區塊，正是曼谷青少年最熱愛的購物區，類似台北西門町，可說是曼谷青少年流行文化的孕育基地。在這裡，每條街道巷弄都林立著一間間的店家，有連鎖服飾品牌，但更多的是獨立經營的品牌店家，店面或許不大，卻都極具特色，無論是甜美飄逸的少女洋裝、帥氣瀟灑的 T 恤、個性酷炫的配件、流行平價的彩妝……，這兒都找得到。此處還有不少店家販售自己設計的服飾與配件，每一款都有獨特風格呈現，走在街上包準不會撞衫。

　　每到假日，暹羅廣場便充滿著青春活潑的氣息，常可見年輕男女們流連於琳瑯滿目的各式流行物件，有時還有演唱會、簽名會等活動，氣氛更是 Hign 翻天。

Chitlom 站

　　一走出 Chitlom 車站，沿著空中走廊前行，左右兩側就是高級飯店、購物商城比鄰著。在行經 Rajdamri 路段時，總會聽見陣陣的音樂聲，循著樂音來源往下望，在 Rajdamri

與 Ploenchit 路口、君悅飯店（Grand Hyatt Erawan Hotel）外廣場一隅，就是名聞遐邇的四面佛（Erawan Shrine）。

四面佛 Erawan Shrine

四面佛的建立，據說是因君悅飯店的前身 Erawan Hotel 興建時，工程屢遭不順，於是請來高僧指點，得知是開工日期不吉，特別興建神龕以驅除厄運。1956 年 11 月 9 日，四面佛像完工，從此飯店的施工也都順利完成，佛像聲名因此傳開，廣受曼谷民眾虔心供奉，就連泰國其他地區的居民、各國旅客也都至此參拜，因此終年香火鼎盛。

事實上，四面佛並不是佛，而是印度教的創造神大梵天（Brahma，泰文稱 Phra Phrom）。祂的四面分別代表事業、姻緣、財富與健康，參拜時可以順時針方向祈求。由於四面佛相當靈驗、滿足信眾的祈願，因此總有信眾再回來還願，此時除了獻上鮮花、木刻大象，許多人還會以獻舞的方式表達對四面佛的感恩與崇敬。因此幾乎整天都能在四面佛龕旁，看到身穿華麗服飾的女舞者，隨樂音跳著傳統的舞蹈。

四面佛的附近除了君悅飯店，還座落著相當多的觀光飯店，諸如洲際飯店（Intercontinental Bangkok）、四季飯店（Four Seasons Bangkok）、Centara Hotel 等，足見此區深受國際觀光客的喜愛。

Central World Plaza

Chitlom 站周邊也是曼谷市中心的重要購物商圈，多座

購物商場櫛比鱗次,而每一座商場都有不同客層定位與商場特色。其中規模最大的 Central World Plaza,原址為曼谷世貿中心,在經過重新規劃改建後,以一座大型且完備的綜合購物中心新貌與世人見面,是曼谷最大購物中心。

該購物中心占地約 55 萬平方公尺,容納超過 500 家的商鋪,涵括人們日常生活與娛樂需求的各個面向。裡面光是百貨公司就有兩家,一為以精緻潮流為訴求的泰國老牌 Zen 百貨;一為日系的伊勢丹(Isetan)百貨,同時,更有各大品牌的獨立商鋪,因此從平價至頂級精品,都能在此購齊,滿足顧客多元的購物需求。台灣旅客相當喜愛的曼谷包 Naraya 旗艦店就位於此。

Data

Central World Plaza
◎ 網址:www.centralworld.co.th
◎ 電話:0-2640-7000
◎ 地址:4 Rajdamri Road
◎ 營業時間:10:00~22:00

Central World Plaza 也是一座娛樂中心,內部有 15 廳的 SF World Cinema 電影院。此外,它還結合了 Centara Grand & Bangkok Convention Center,包括會議中心與飯店套房,因此商務機能也相當完善。這座功能齊備的大型購物中心於 2007 年初正式開幕後,立即與 Siam Paragon 並列曼谷最具規模的時尚購物基地,並帶動周邊商圈的活絡。

Erawan Bangkok

Central World Plaza 是 Chitlom 商圈內最引人矚目的焦點,然而商圈內還有多座各具特色的購物商場。在四面佛隔壁的 Erawan Bangkok,就是曼谷第一家以國際精品為定位的高級購物中心,規模雖不大,但商場的設計顯得格外典雅,以符合賣場定位。賣場內除了 Burberry、Coach 等精品

Data

Erawan Bangkok
◎ 網址：www.erawanbangkok.com
◎ 電話：0-2250-7777
◎ 地址：494 Ploenchit Road
◎ 營業時間：10:00~21:00、餐廳 08:00~ 凌晨 00:00

品牌的服飾與配件外，美容健康中心也是一大特色，包含以快速減重為訴求的 The Bodhi 美體會館，還有提供水療課程的 Hydro Health Center，都相當受到女性喜愛。

商場內的餐飲設施也同樣受到歡迎，Urban Kitchen 為集結十餘家餐鋪的餐飲區，提供各式風味料理；Erawan Tea Room 是由君悅飯店所經營，此處下午茶以精緻、平價著稱。

Gaysorn

Chitlom 商圈內另一座以高級精品為訴求的商場則是 Gaysorn， 內有 Burberry、Fendi、LV、Dior、Emporio Armani 等國際精品入駐，也有 Fly Now、Senada Theory、Tango、Zenithorial 等泰國本地的著名設計品牌。此外，多家美髮美膚沙龍也是商場的特色。

Data

Gaysorn
◎ 網址：www.gaysorn.com
◎ 電話：0-2656-1177
◎ 地址：999 Ploenchit Road
◎ 營業時間：10:00~20:00、餐廳 10:00~21:00

Big C

Gaysorn 附近、Central World Plaza 對面的 Big C，是泰國著名的連鎖賣場，此處有一點像台灣常見的大潤發、家樂福等大賣場，販售著各種生活用品，從食物、文具、清潔用品、廚房用具到家電 3C 商品等，都可在此購得，且售價比一般超市還便宜，甚至也有 Big C 自營品牌，售價又更加便宜。想買一些道地的泰國零食、飲料、泡麵等，這兒是最理想的首選地。

Data

Big C
◎ 網址：www.bigc.co.th
◎ 電話：0-2250-4777
◎ 地址：97/11 Rajdamri Road
◎ 營業時間：09:00~23:00

Pratunam 商圈

　　由 Central World Plaza 沿著 Rajdamri Road 北行，經過運河後的 Petchburi Road 十字路口，這一帶是 Pratunam 商圈，以廉價成衣的批發集散區聞名。不管是外觀稍嫌老舊的 Pratunam Complex 或 Pratunam Market 商場大樓內，還是 Pratunam Market 後方的街道巷弄間，甚至是外觀新穎、有如高級購物中心的 Platinum Fashion Mall，都是一間間密密麻麻的商鋪，提供以衣物為主的商品批發服務。在這裡，就像到了台北的五分埔，有趣的是，來此採買的以國際買家為主，不管是來自歐美或中東國家，他們都提著超大型的購物袋，或乾脆拉著小推車穿梭於商鋪間，也算是 Pratunam 商圈獨特的市街景象。

Asok 站

　　自從 2012 年超大型的購物商場 Terminal 21 開幕以來，原本因為 Pub、Bar、旅店、小夜市分布密集而已經頗熱鬧的 Asok 周邊更是顯得人潮洶湧了。而且，這座以航站概念為主題的購物商場，把各種新奇的創意概念融入在空間設計之中，這樣的巧思更讓整個購物商場具有話題性，讓人忍不住想要來走走逛逛。

　　Terminal 21 商場面積相當的大，樓上是跟商場同樣時期開幕的五星級 Grand Centre Point Hotel，住在這新穎的飯店內，不僅舒適，要逛街購物嘗美食更是再方便不過了。

　　商場內處處可以看到以航站為概念的指標，搭乘手扶梯、電扶梯時，宛如要去登機般的有趣。除此之外，每個樓

Data

Terminal 21
◎ 網址：www.terminal21.co.th
◎ 營業時間：10:00~22:00

層，也都有不同的城市風情主題，諸如巴黎、倫敦、舊金山、加勒比海等等，甚至連每一層樓的廁所設計都大不同，各個角落有趣的規畫，讓每個來逛街的顧客就好像搭乘飛機穿梭在世界不同的城市般，讓逛街不只是逛街。

Phrom Phong 站

Emporium Shopping Complex

Phrom Phong 站旁最鮮明的地標，就是 Emporium Shopping Complex，雖不若 Siam Paragon 與 Central World Plaza 的大規模，卻也是一座相當齊備多元的購物商城，裡

頭除了 Emporium 百貨公司，還有許多品牌進駐設店，例如 Chanel、Hermés 等國際精品，Zara、Mango 等國際流行服飾品牌，資生堂的 Qi 等美髮美膚沙龍……，更有 Propaganda、Jim Thompson 等泰國知名品牌。

Data

Emporium Shopping Complex
◎ 網址：www.emporiumthailand.com
◎ 電話：0-2269-1000
◎ 地址：622 Sukhumvit Road
◎ 營業時間：10:00~22:00

Thailand Creative & Design Center

購物之外，在 Emporium Shopping Complex 也能從事娛樂活動，像是位於 6 樓的 SFX Cinema，就是播映強檔熱門片的電影院。而泰國創意與設計中心（TCDC, Thailand Creative & Design Center），則是對泰國時尚與設計產業有興趣者絕不能錯過的地方。這裡設有兩個展區，以主題方式呈現與創意、設計相關的展題，另還有典藏上萬本書籍的圖書館可供會員查詢瀏覽。隨著泰國致力於發展設計產業，這座創意與設計中心逐漸受到各國設計者重視，就連泰國境內的學校也常安排來此進行校外教學，讓設計與創意向下紮根。

Data

Thailand Creative & Design Center（TCDC）
◎ 網址：www.tcdc.or.th
◎ 電話：0-2664-8448
◎ 地址：622 Sukhumvit Road
◎ 營業時間：10:30~21:00，周一休

Thong Lo 站

如果只是搭著 BTS 經過 Thong Lo 這一站，光從車站周邊幾乎感受不出此區域有什麼特別的，但是，若是從捷運站的 3 號出口走下天橋，往 Sukhumvit 55 巷走進去，越逛就越能發現此區的迷人之處。

Thong Lo 站周邊可以稱得上是曼谷的高級住宅區，因此也吸引不少在曼谷生活的外籍人士入住，尤其是日本人，漸漸地開始發展出一些異國文化風情，更帶動周邊不少商家的加入，因此，這裡在這幾年不僅陸續開發了許多中小型的主題商場，也有許多發揮各種創意的店家出現，讓此區成為

曼谷新興的逛街、用餐好去處，而那些發揮巧思的餐廳、夜店，更成為曼谷潮流的時尚之一。

整個 Thong Lo 逛街的好去處主要分布在 Sukhumvit 55 巷和 63 巷（63 巷也稱為 Eakkamai 路）這兩條路及周邊橫巷延伸出去的小巷子，當中有許多設計師品牌家具店、特色咖啡館、潮流夜店，還有一些高級公寓式旅店分布其中，走逛在此，雖然常常會小小的迷路，卻也常會在不經意間發現了一間喜歡的店家，此區的逛街魅力，就在於這種意料之外的小驚喜。

Ekkamai 站

BTS Ekkamai 站對不少旅人來說，每次造訪的原因，都是為了要前往離捷運站不遠的 Ekkamai 巴士站搭車，除此之外，似乎找不到需要特地前來一趟的理由。在曼谷市區的周邊總共有 4 個長途巴士站，其中 Ekkamai 這個巴士站是搭車前往曼谷東邊度假勝地———芭達雅（Pattaya）、羅永（Rayong）、沙美島（Koh Samet）等地的主要搭車處，只要兩個多小時的時間，就能從一天到晚都在塞車的曼谷市區，奔向有著棕櫚樹搖曳的金黃沙灘上做日光浴。

不過，自從 2012 年 7 月在 Ekkamai 站旁新開了一間 Gateway Ekamai 購物中心之後，又多了一個更棒的理由前來

這裡了。這間嶄新的主題商場以日本風情為最大賣點。從捷運站連結的空橋出來，還沒走進商場，就看到超大型的日本印象之一的招財貓在門口迎接客人，而走進商場內，裡面濃濃日本風的空間真的會讓人有一種誤以為自己身在日本的錯覺。日系餐廳、甜品店、拉麵店，甚至是很受台灣人喜愛的日本藥妝店，這裡統統都有。就是這種原汁原味的異國風，甫一開幕就吸引不少當地人前來走逛，更有不少年輕朋友是拿著相機到處拍個不停呢！

Data

Gateway Ekamai
◎ 網址：www.gatewayekamai.com
◎ 營業時間：10:00~22:00

On Nut 站

喜歡在曼谷逛大型超市採買紀念品的遊客，幾乎都會知道位在 Central World 對面的 Big C，但其實，除了那裡之外，On Nut 站這裡也有個大型的超市—— Tesco Lotus，同樣也是泰國大型的連鎖超市，對遊客來說是個採買物美價廉的泰國零食的好地方，而且因為比較少海外遊客造訪，所以貨源更為充足。除了超市，購物中心內也有美食廣場和其他商店可逛，因此在假日經常可見當地居民是全家大小一起來這邊採購與逛街，相當熱鬧。

來到 On Nut 站，除了可以在超市採買零食、泡麵等食品之外，和超市隔著捷運站相對的夜市，更是一個品嘗當地庶民小吃的好地方。每天傍晚開始，就會有許多小吃攤在此營業，不少當地人都是下班之後來採買，外帶回家當晚餐。有些攤位也有附設桌椅，可以直接在此享用這些美味又道地的料理。

Bang Na 站

離曼谷市中心已經有一小段距離的 Bang Na 站是通往曼谷國際展覽中心（BITEC, Bangkok International Trade and Exhibition Center）的主要交通站。不過，其實從車站走到BITEC，大約還需要 15 至 20 分鐘的時間，所以有些主題展

覽期間，主辦單位也會貼心的安排接駁車往返展場與捷運站之間。

BITEC 是目前曼谷舉辦大型商業展覽的主要地點之一，像是每年兩次的 BIG ＋ BIH 曼谷設計展、泰國車展、電子商品展等等，這幾年都是在這裡舉行，其中對不少喜愛泰國設計風格的朋友來説，最具吸引力的就是曼谷設計展了，裡面有眾多泰國知名家具、雜貨設計品牌參展，吸引不少海外人士專程前來參觀。這個設計展不只是針對業者，一般民眾也能夠進場參觀，尤其是在展期結束前一兩天，不少參展廠商更會推出優惠的出清價格，吸引民眾前來搶購。

Data

BITEC
◎ 網址：www.bitec.co.th

Silom 沿線

National Stadium 站

MBK Center

從 National Stadium 車站走 3 號出口，便可透過空中走廊連接至 MBK Center。簡稱為 MBK 的 Mahboonkrong 於 1985 年開業，也是曼谷市區老字號的購物商場之一。雖然商場內部不如 Siam Paragon、Emporium Shopping Complex 等來得新穎氣派，但走的是平價路線，因此也在曼谷的購物版

Data

MBK Center
◎ 網址：www.mbk-center.co.th
◎ 電話：0-2620-9000
◎ 地址：444 Phaya Thai Road
◎ 營業時間：10:00~22:00

圖占有一席之地。不論何時到 MBK Center，都充滿著來此血拼的人潮，其中更不乏外籍旅客，他們流連於一間間的服飾店，或者在販售手機、數位相機等 3C 商品的櫃台前，仔細地詢問、把玩著商品，有些人甚至看中此處商鋪的集中與平實價格，在這裡進行批發採買。這裡還有一間日系的東急百貨（Tokyu Department Store），販售的商品與曼谷其他購物中心不同。

金・湯普森之家 Jim Thompson House

MBK Center 的對面，也就是車站 4 號出口附近的 Soi Kasem San 1 巷內，有多家中、低價位的旅店，對於喜歡逛街的朋友來說，這裡的旅店具有相當佳的地理優勢，而為了因應這些背包客的需求，旅店周邊也有不少平價的小吃店、洗衣服務等，生活機能齊全。

至於 2 號出口附近的 Soi Kasem San 2 巷內，則是泰國著名的泰絲產業的孕育地──金・湯普森之家（Jim Thompson House）。這裡是金・湯普森的舊宅，深愛泰國文化的他，由泰國各地蒐羅傳統柚木建築至此重建，所以在綠蔭掩映的庭院內，可以見到多座極富美感的傳統泰式木屋，現今已

Data

Jim Thompson House
◎ 網址：www.jimthompsonhouse.com
◎ 電話：0-2216-7368
◎ 地址：6 Soi Kasemsan 2, Rama 1 Road
◎ 營業時間：09:00~17:00
◎ 門票：100Baht

規劃為博物館，展示金·湯普森的藝術收藏與生活用品。參觀者一進入這座舊時宅邸，服務人員便會上前詢問國籍、語言，並安排導覽人員隨行。旅客隨著導覽人員的腳步，穿過花木扶疏的庭院，一一走訪宅邸的各個角落，隨行人員不僅介紹金·湯普森的生平、宅院的建築特色，也介紹每個房間的展品，有不少是反映那個年代的生活用品，也滿足人們窺看這位泰絲大王的昔日生活樣貌。

金·湯普森以泰絲工業著稱，因此來到這兒，也不能錯過泰絲專賣店。近年，金·湯普森更跨足餐飲事業，提供雅致的用餐空間，也頗獲好評，旅客來此參觀之餘，也不妨在這裡的餐廳用餐休憩。

Info

泰絲大王 金·湯普森

　　金·湯普森（Jim Thompson）1906 年出生於美國，愛好藝術的他選擇學習並從事建築，直到 1940 年代的世界大戰期間，他進入美國的戰略服務辦公室（Office of Strategic Services，即中情局 CIA 的前身），因此派往歐洲、亞洲各國進行訓練與任務，也在這時候開啓了他的國際視野。戰爭結束後，他辭去軍職並前往亞洲旅行，停留曼谷時感受到這裡的未來發展空間，於是決定在此定居、建立事業，開始改良泰絲工業，並將泰絲帶到國際市場上。

　　然而，就在泰絲事業漸上軌道之際，他在 1967 年前往馬來西亞旅行，卻從此音訊全無。關於他的失蹤原因，有諸多揣測，有的說是在叢林裡失蹤遇險，也有人說因為他原本從事情報工作之故而遭綁架。直至今日，這個謎團仍未解開。

Sala Daeng 站

Sala Daeng 站所在的 Silom 路上，矗立著許多商業辦公大樓，是相當重要的商業金融中心，再加上此處可與 MRT 的 Silom 站進行轉乘，因此 Sala Daeng 成為 BTS 的 Silom 線上較為繁忙的重要車站。

車站的 4 號出口連接 Silom Complex，這棟購物商場規模不大，但從 2012 年重新整修開放後，裡面給人一種清爽明亮的逛街氣氛。裡頭除了依然有家百貨公司之外，也有些泰國人氣設計師品牌的專賣店，但最具特色的是這裡的餐飲設施，因為客層以周遭上班族為主的緣故，因此有許多平價的餐廳，像是 MK 火鍋、Banana Leaf 泰式餐館、Fuji 富士日本料理餐廳……等，連這幾年在曼谷火紅到不行的蜜糖吐司專賣店 After you 也在這裡開設分店。此外，這附近也有很多小吃店、路邊攤，尤其是在中午或晚餐時段，總能看到許多身穿套裝的上班族坐在路邊揮汗吃著湯麵或排隊買便當的景象。

帕蓬夜市 Patpong Night Market

帕蓬夜市（Patpong Night Market）是 Sala Daeng 一帶最吸引觀光客的焦點，走出車站 1 號出口後，直行約 100 公尺至 Patpong 街口，就可以看到這條搭有棚架的街道上全是攤商，販售衣物、居家擺飾、手工藝紀念品等，更有不少攤販賣的是仿冒的名錶、皮包、首飾配件，以及盜版的 CD 與 DVD 等，營業時間約為傍晚到午夜。

走在這夜市裡，除了走道兩邊攤販招徠生意，就連棚架之外的店家都會派人來招呼生意，不過他們經營的可不是一般的商店或餐廳，而是酒吧。酒吧內

多半都有鋼管秀等表演，甚至也有以女性顧客為訴求的猛男秀等。不過，因為這些酒吧常發生糾紛，許多人在結帳時被索以大筆金錢，因此前往此區要格外小心。

與夜市平行的塔尼亞路（Thaniya Road），有「小日本區」之稱，這裡有很多的招牌看板都寫著日文，白天來這裡，恐怕只會注意到這兒有幾間日式餐廳。但當天色漸暗、招牌上的燈光亮起，看到的則盡是卡拉 OK、按摩、酒吧等字樣。這兒的夜生活也相當著名，街上常有穿著清涼養眼的女性在散發傳單，或是站於店門口等著顧客上門。如果對這方面沒有興趣，建議避免在夜晚時遊逛此區，或者堅定地拒絕業者的招攬，以避免後續可能的消費爭議。

Chong Nonsi 站

和 Sala Daeng 站很像，Chong Nonsi 站周邊也同樣擁有不少辦公大樓，因此也是曼谷上班族聚集之處，這裡雖然不像 Sala Daeng 站附近還有購物商場和夜市可逛，但周邊巷弄間隱藏了不少庶民小吃、平價餐館和特色咖啡館，而且中午或傍晚的下班時間，也有不少路邊小吃攤賣著新鮮的水果、炸雞、烤肉串等等，想要品嘗曼谷的生活滋味，來這就對了。

Chong Nonsi 站也是連結曼谷最新推出的公共交通系統——高速巴士 BRT 的轉運站，走過一段長長的空橋就能抵達 BRT 車站。平常非交通顛峰時段，空橋上看起來沒有什麼人經過，但一到上班或下班時間，大批大批的上班族可是把空橋擠得幾乎水洩不通。

這一站附近步行可達的範圍內也有不少旅館，從價格平實的青年旅館到星級旅館都有，其中，最受矚目的就是 2012 年底才開幕的曼谷 W Hotel，從捷運站走路 10 分鐘就可抵達。

Surasak 站

走出 Surasak 車站，就可以看到一棟淺黃色的歐式建築，這裡便是泰國最著名的餐廳之一──藍象餐廳（Blue Elephant Royal Thai Cusine）。

藍象餐廳老闆娘 Nooror Somany 的母親曾為泰國王室廚師，在她的教導下，Nooror Somany 練就一身好廚藝，而正統宮廷料理極為講究的食材與香料運用、口味等，也能完全掌握。

Nooror Somany 的丈夫是比利時人，兩人於 1980 年在布魯塞爾開了一家餐廳，打著傳統泰式宮廷料理的招牌，道地的亞洲風味擄獲當地饕客的心，沒過多久就引起風潮。於是，Nooror Somany 決定返回家鄉泰國，選在曼谷開設餐廳，也寫下這個由歐洲紅回泰國的泰國餐廳傳奇。目前，藍象餐廳在全球已有多家分店，包括歐洲的哥本哈根、倫敦、巴黎、里昂，中東的科威特、杜拜、貝魯特，還有亞洲的雅加達與曼谷，可説是全球最著名的泰國餐廳之一。

藍象餐廳內除了提供精緻的用餐體驗，也有烹飪課程，讓旅客能學得正統的泰式風味。

Data

藍象餐廳
◎ 網址：www.blueelephant.com
◎ 電話：0-2673-9353
◎ 地址：233 South Sathorn Road
◎ 營業時間：午餐 11:30~14:30、晚餐 18:30~22:30

Saphan Taksin 站

位於昭披耶河畔的 Saphan Taksin 站,肩負著水陸轉運的重責大任,出站後直行即可抵達碼頭。這座碼頭是水上巴士的中央站(Central),南來北往都十分便利。在昭披耶河沿線有不少居民都是以水上巴士為交通工具,再於此轉乘 BTS 進入市區各地,因此承載了大量的通勤人口,尤其每日上下班時段,Saphan Taksin 站總能見到大批人潮出入。

Saphan Taksin 站不僅提供當地居民通勤之用,也是許多觀光客經常運用的車站,旅客多從這兒搭乘水上巴士,前往昭披耶河兩岸的各個景點,諸如大皇宮(Grand Palace,詳見 p.101)、臥佛寺(Wat Pho,詳見 p.99)、黎明寺(Wat Arun,詳見 p.100)等。此外,昭披耶河畔也是高級飯店的戰場,包括東方文華酒店、半島酒店、香格里拉酒店(Shangri-La)、萬豪酒店(Marriot)……,而它們多半擁有自家碼頭,旅客可於 Saphan Taksin 站搭乘接駁船至各飯店,享受不一樣的入住體驗。

入夜後,昭披耶河上有多家觀光船還提供遊河的晚宴服務,其中有不少就是從此站出發或由此站轉乘。

Asiatique The Riverfront

2012 年 5 月，在昭披耶河畔開了一個全新主題的夜市
—— Asiatique The Riverfront，甫一開幕，就成為曼谷最具人
氣的夜晚景點，尤其到了假日晚上，更經常出現水洩不通的
景象。

Asiatique 所在的地點，曾經是昭披耶河畔最重要的貿易
港口之一，原名 Port of East Asiatic。從傍晚才開始營業，面
積頗為廣大的夜市總共劃分為 10 區，面對 Charoeukrung 路
方向的是 1 至 4 區，中間則是 5 至 6 區，而河畔則是 7 至
10 區，在這 10 大區裡包含了服飾、精品、飾品、創意手作
等多種主題商店之外，還有不少大型的餐廳或是美食廣場，
有吃有喝又有得逛，加上空間規劃上的巧思，讓許多人逛到
流連忘返。

Data

Asiatique The Riverfront
◎ 網址：www.thasiatique.com
◎ 營業時間：17:00~24:00
◎ 交通：可搭乘 BTS 到 Sapan Taksin 站下車，從 2 號出口
往碼頭走，抵達碼頭後最左邊即為通往 Asiatique
的免費接駁船乘船處，每 30 分鐘一班，最晚時
間為 23:00

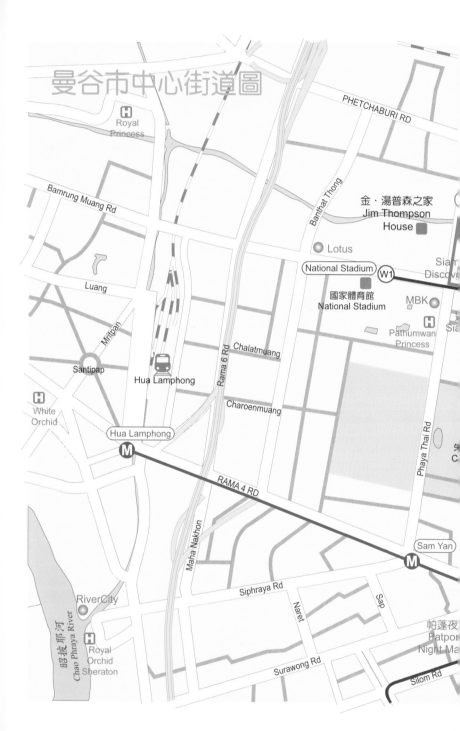

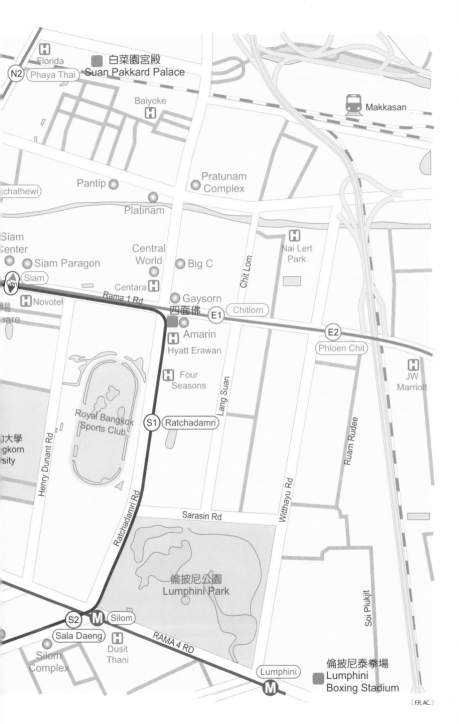

H Florida
N2 Phaya Thai
白菜園宮殿
Suan Pakkard Palace

Makkasan

Baiyoke H

chathewi
Pantip ○
Pratunam
Complex

Platinam ○

Chit Lom

Nai Lert
Park H

Siam
Center
Siam Paragon ○
Central
World
Big C ○
Siam
Cen
Centara H
Rama 1 Rd
Gaysorn ○
四面佛
Chitlom E1
E2
Phloen Chit

Novotel H
uare

Amarin H
Hyatt Erawan

JW
Marriott H

Royal Bangkok
Sports Club
Four
Seasons H

Lang Suan

大學
gkorn
sity

S1 Ratchadamri

Henry Dunant Rd

Ratchadamri Rd

Sarasin Rd

Witthayu Rd

Ruam Rudee

倫披尼公園
Lumphini Park

Soi Plukjit

S2
Sala Daeng
M Silom

Silom
Complex

Dusit
Thani H

RAMA 4 RD

Lumphini
M

倫披尼泰拳場
Lumphini
Boxing Stadium

(F.R. AC.)

91

MRT 沿線

Hua Lamphong 站

　　從 MRT 的「華藍蓬」（Hua Lamphong）站走出來，就可以抵達曼谷最大的華藍蓬火車站（Hua Lamphong Railway Station），或稱曼谷中央火車站。

　　泰國火車路線分為東北線、北線、南線與東線，四條路線均在此停靠，因此該車站肩負著曼谷與全泰國各地的交通運輸，每天出入人次相當多，光是月台就有十餘個之多，也顯見其重要地位。而且，華藍蓬火車站的建築本身也相當可觀，採用義大利新文藝復興樣式，並請來歐洲的建築師歷時6 年打造，於 1916 年正式開通啟用。

Data

華藍蓬火車站
◎ 電話：0-2220-4334
◎ 地址：Rama 4 Road

　　從華藍蓬車站過馬路往西北方向，會發現街道兩旁的中文標示比其他地方稍多，原來這一區就是所謂的中國城（China Town）。來到此區，首先會抵達金佛寺（Wat

Trimit），這座廟宇供奉一尊純金打造的金佛而聞名。據傳該尊金佛已經有約700多年的歷史，起因當時素可泰王朝面臨緬甸軍隊的入侵，於是將城中所有黃金集結起來鑄造成佛像，之後又在佛像外層塗上泥土，因而免受被緬軍奪取的命運。

　　走過金佛寺，會來到一座書有「聖壽無疆」的中式牌樓，由此越來越接近中國城的中心地帶。中國城區的發展以Yaowarat路一帶最為熱鬧，在這兒，只見街道兩旁林立著大型招牌，用的是醒目的大紅或鮮黃色彩，寫有「大金行」或「魚翅燕窩」等字樣，讓人感覺到熱鬧的氣息。「大金行」也就是銀樓，早年由中國來的移民在此落腳時，許多人選擇開設銀樓營生，時至今日竟有上百家之多，蔚為本區特色。

　　遊逛至此區，偶爾還能聽到熟悉的中文交談聲，市場攤商販售的很多是中式小吃，洋溢濃郁的東方情調；這裡最有名的店家就屬「林真香」，店內的肉乾、肉鬆等製品，是此區著名的伴手禮。

Lumphini 站

　　占地廣達140英畝的倫披尼公園（Lumphini Park），是曼谷市中心最大片的綠地。公園內有上百種植物，終年綠意盎然；另外還有一座湖，有不少人前來體驗划船樂趣。每天清晨與傍晚，是公園最熱鬧的時候，這時天氣較為涼爽，許

多民眾會來運動，不論是慢跑、打太極拳……，天天在此進行。

另一個泰國獨特的活動，就是泰拳。想要看場精采、刺激又充滿暴力美學的泰拳比賽，位於倫披尼公園不遠處有座倫披尼泰拳場（Lumphini Boxing Stadium），絕對是最佳的選擇之一，這裡每周均有固定場次的比賽，如果是熱門的場次，門票相當搶手，建議最好提早購票。泰拳場附近還有不少販售泰拳相關物品的店家，喜好泰拳者不妨去看看。

Data

倫披尼泰拳場
◎ 比賽時間：周二、五18:30，
　　　　　　　周六 16:30、20:30

Chatuchak Park 站

一走出 Chatuchak 車站，就可以抵達洽圖洽周末市集（Chatuchak Market）。這座占地約 35 英畝的市集，周一至五僅有少數販售植物、蔬菜的攤販營業，並不覺得有何特別，但一到周末，從早上開始就有上萬個攤商陸續抵達，忙著擺攤、開店，而泰國本地或外國觀光客也大批湧入，一派忙碌景象，營業時間約從早上 8、9 點，到約傍晚 5、6 點。

　　許多人稱洽圖洽周末市集為跳蚤市場，事實上，這裡販售的並不完全是二手商品，絕大多數是全新物品，而且種類極多，從衣服配件、鍋碗瓢盆、生活家飾……，到任何想得到的東西，這裡幾乎都有。洽圖洽周末市集規模之大，幾乎得花上一整天才能完全逛遍，而為了便於管理，此處劃分27個購物區塊。各區塊的主題商品有所不同，旅客不妨先到服務中心索取簡介地圖，再鎖定要購買的物品所在區塊，一方面可節省時間，一方面也可避免迷路。

　　市集北側的洽圖洽公園（Chatuchak Park），則是當地居民的休憩處所，常常可以見到情侶或闔家親子坐於水岸綠地上，也有不少民眾在此慢跑、運動。這裡的悠閒氣息與洽圖洽市集內熱鬧的購物氣氛，呈現鮮明的對比。

大皇宮周邊街道圖

K. Kasem

Patai Rd

Visutkasat

Nakhon Sawan Rd

牌

Lan Luang Rd

Bamrung Muang Rd

Yukhon

Luang

Sua Pa

Mritpan

印度區
hurat

Yaowarat

中國城
China Town

金佛寺
Wat Trimit

華藍蓬火車站
Hua Lamphong

M Hua Lamphong

chawongse

（F.R.AC.）

水上巴士沿線

Memorial Bridge 站

從 Memorial Bridge 碼頭上岸，在拉瑪一世橋（Rama I Bridge）橋頭附近，就可以見到這座拉瑪一世雕像（King Rama I Statue）。生於 1736 年的拉瑪一世，是卻克里王朝（Chakri Dynasty）的第一位君王，1932 年為了慶祝曼谷建城 150 年，在此建立這座雕像及其旁的紀念大橋。漫步此區，常可見到膚色略黑、輪廓較深的印度人，因為有不少印度移民就聚居於附近的 Pahurat 區，也有人稱之為小印度（Little India）。

前往小印度區，可以走拉瑪一世雕像前的 Chakraphet 路，先向東後再轉往北行，步行約 400 公尺，即可見到一間名為 India Emporium 的商場。這裡就是小印度最熱鬧的地區，許多商店販售著印度傳統紗麗與其他服飾、宗教用品、印度電影 DVD 與音樂 CD。此處就連小吃也和其他地方不同，路邊賣著三角錐狀的咖哩餃 Samosa，陣陣咖哩香料的氣味撲鼻而來，混和空氣中飄散的線香，從嗅覺上就可以感受到濃濃的印度風。

Tha Tien 站

臥佛寺 **Wat Pho**

　　Tha Tien 站附近的臥佛寺（Wat Pho），是曼谷名氣與人氣僅次於大皇宮與玉佛寺的重要景點。顧名思義，寺內最重要的參觀焦點就是臥佛，長約 46 公尺、高約 15 公尺的臥佛像，展現的是佛陀圓寂時的情景，覆滿金箔的佛像，腳底以珠母貝鑲飾，也是精湛的工藝表現。

　　占地廣約 8 公頃的臥佛寺，還有許多可觀之處。除了臥佛，寺中還收藏了 300 多尊的鍍金佛像，大多來自泰國北部素可泰地區，雖然這些佛像不如臥佛壯觀，但都相當精巧，值得細賞。分布於寺院內的多座建築，不管是佛殿或佛塔均以流暢的線條、鮮麗的色彩，吸引遊客的目光。在寺院內，也總能見

Data

臥佛寺
◎ 電話：0-2221-9911
◎ 地址：2 Sanamchai Road
◎ 開放時間：08:00~17:00
◎ 門票：50Baht

到虔心參拜的泰國民眾，讓人感受到這裡的神聖氣息。

事實上，臥佛寺不僅是曼谷規模最大的寺廟，也是歷史最悠久的一座，建於拉瑪一世，屬王室專屬的廟宇；拉瑪三世將這裡改建成大學，成為泰國第一座開放的公共教育中心。當時在這裡有許多學院分別教授各專業課程，其中傳統醫藥學院所附設的按摩學校，可說是泰國境內最享盛名的按摩教學中心，目前也有對外開放，且不僅提供按摩訓練課程，也可以在此體驗最道地的泰式按摩。

黎明寺 Wat Arun

與臥佛寺隔著昭披耶河相望的是黎明寺（Wat Arun），從河的東岸，就可以見到高棉式的佛塔聳立其間，尤其清晨時分在雲霞的映襯下，更顯景致優美。黎明寺的建造，可追溯到大城時期（Ayutthaya），後來塔克信國王（Taksin）打敗入侵的緬甸大軍，並將政權中心轉移至昭披耶河西岸的 Thon Buri 地區，將原本的寺廟重新命名，並新建宮殿與寺廟。由於塔克信國王又被稱為鄭王，因此這座廟常被稱為「鄭王廟」。

黎明寺以高棉式佛塔最為醒

目,建築採用中國碎瓷片進行馬賽克拼貼,所拼貼出的紋飾相當精細,是當時裝飾藝術的代表。造訪黎明寺必須由 Tha Tien 站搭乘渡船至對岸,船班每 10 至 15 分鐘就有一班,相當密集,下船後步行即可抵達。

Data

黎明寺
◎ 電話:0-2891-1149
◎ 地址:34 Arun Amarin Road, Thonburi
◎ 開放時間:09:00~17:00
◎ 門票:20Baht

Tha Chang 站

Tha Chang 站周邊為曼谷旅遊景點精華所在,如果對於古蹟、廟宇有興趣,在此區甚至可以花上一整天的時間遊覽,其中又以大皇宮(Grand Palace)與玉佛寺(Wat Phra Kaew)為精華中的精華。

1782 年,拉瑪一世將首都自昭披耶河西岸的 Thon Buri 地區遷至河的東岸,卻克里王朝(Chakri Dynasty)於是由此奠基、發展。王朝定都之始,便開始多項建設,皇宮與諸多廟宇一一建立,也造就此區在今日曼谷觀光的重要地位。

大皇宮占地面積超過 2 公頃,格局仿造古都大城(Ayutthaya)所設計,為棋盤式規劃。由大皇宮北側的入口為起點,以順時針方向參觀,首先見到的是迴廊上的 178 幅壁畫,描述印度神話《羅摩衍那》(Ramayana)泰國版本的故事場景。

接著進入的是王室的專屬寺院──玉佛寺,為守護泰國的神聖之地。寺院外圍有多座大型雕像,有神色猙獰的夜叉惡魔,用以驅邪避凶;也有神話中的角色,如金翅鳥、猴神哈努曼等,都有守護的意涵。大殿中央供奉的玉佛雖然高僅約 66 公分,但已有 2000 多年的悠久歷史。

Data

大皇宮 & 玉佛寺
◎ 電話:0-2224-1833
◎ 開放時間:08:30~15:30
◎ 門票:350Baht

　　大皇宮內有上百座的建築，光是玉佛寺就占面積的四分之一，另外還有許多風格與用途各異的建物。在大皇宮建築群中央的 Chakri 宮殿，由曾訪問歐洲的泰王拉瑪五世下令建造，呈現濃濃歐風，再加上泰式風格的屋頂，式樣獨特，格外引人注目，而它也是從前國王用來接見國外使節之處。

　　大皇宮的東邊有座市柱（City Pillar），這是拉瑪一世遷都於此時所建，象徵著保護這座城市。它原本僅是一根木柱，後來先是在表層覆上金箔，近年更從其外側擴建成廟宇，常有當地居民來此膜拜。

皇家廣場 Sanam Luang

　　至於大皇宮北邊那片綠地，稱為皇家廣場（Sanam Luang）。這裡原為王室成員的火葬場，後來釋出作為民眾休憩的空間，不時可見攤販聚集，而在 2 至 4 月期間，則常會有民眾來此放風箏。廣場西北側的國家博物館（National Museum），是東南亞地區規模首屈一指的博物館，內部展示泰國各個時期的藝術品，若對於泰國藝術與歷史有興趣，不妨至此參觀。

Data

國家博物館
◎ 電話：0-2224-1402
◎ 開放時間：周三至日 09:00~15:30，國定假日休
◎ 門票：40Baht

Info　參觀寺廟時的注意事項

☆ 由於寺廟為神聖之地，參觀者必須留意服裝儀容，不得穿短褲、短裙或無袖上衣。
☆ 進入主殿必須脫鞋，建議可穿著便於穿脫的鞋子。
☆ 不得以腳板面對佛像，此舉十分不敬，因此在佛像前須跪坐、雙腳收於身後。
☆ 寺院內常有僧侶，女性須格外注意避免與他們產生肢體上的接觸。
☆ 有些寺廟內部禁止拍照，如不確定能否拍照，可先詢問寺方人員。

Phra Athit 站

　　Phra Athit 周邊可說是曼谷最大的背包客聚集地，當水上巴士靠近碼頭，上、下船的乘客中，絕大部分都是穿著輕鬆、揹著背包的各國旅人，堪稱是本區特色。從碼頭沿著狹窄通道抵達 Phra Athit 路，左轉至路的盡頭，可以見到一座白色的普拉蘇門砲台（Phra Sumen Fort）。砲台建於拉瑪一世在位期間，當時修建了十餘座砲台以抵禦緬甸軍隊，目前僅存兩座，其中又以這座普拉蘇門砲台保存較完整。

　　在附近的 Phra Athit 路上，可以見到好幾家「Guest House」的招牌，也有許多寫著英文字樣的餐廳，不過真

民主紀念碑

正背包客的集中地，是在東南側的考山路（Khao San）區塊。以考山路為中心，這條大街上的建築全是旅店、餐館、酒吧，而街道兩側也是成排的攤販，販售各種 T 恤、洋裝、太陽眼鏡、飾品與紀念品，還有各種小吃，以滿足觀光客的需求。尤其每到傍晚，兩旁店家與攤商點亮燈光，餐廳與酒吧內則傳出節奏強烈的音樂，這時的考山路最是熱鬧。除了長約 400 公尺的考山路，由此延伸出去的大大小小巷弄，也都是因應觀光客需求開設的各種店家，諸如旅行社、洗衣服務、網咖、按摩……等。巷弄雖然錯綜複雜，但幾乎走著走著都可以回到考山路上，如果還是擔心迷路，這裡也有許多店家自製的地圖供人取閱，標示詳細，哪個巷口有什麼店家上方都有一一詳列，相當實用。

從考山路再往東行，可以抵達民主紀念碑（Democracy Monument），這是為了慶祝泰國自集權政體轉制成君主立憲，請來義大利藝術家所設計的紀念碑，於 1932 年落成，此後便為曼谷市區的醒目地景。民主紀念碑附近還有一座 10 月 14 日紀念碑（October 14 Memorial），紀念的是 1973 年一場示威遊行中，被軍方所鎮壓而傷亡的民眾。

如果是對於藝文活動有興趣，也可以前往國家藝廊（National Art Gallery）或國家劇院（National Theatre），前者曾是拉瑪四世的行宮，現則為收藏展示藝術作品的空間；後者是舉辦藝文表演的場所。

Data

國家藝廊
◎ 電話：0-2282-2639
◎ 地址：Chao Fa Road
◎ 開放時間：09:00~16:00，周一、二休

國家劇院
◎ 電話：0-2219-0174
◎ 地址：2 Rachini Road
◎ 開放時間：依表演活動時間而定

10 月 14 日紀念碑

普拉蘇門砲台

購物血拼

　　曼谷的物價雖然高居全泰國之冠，但對台灣旅客而言相較之下仍比台灣便宜，所以來到曼谷，怎麼能夠忍住不大肆購物的衝動呢？很多台灣遊客到了這裡，常常因為便宜的物價而大買特買；另外，這幾年無論是在時尚界、家具類的設計上，泰國都呈現出旺盛的企圖心，積極地打出「泰國製造 Made In Thailand」的形象。許多物美價廉的商品，更有讓人驚豔的表現！

值得購買的商品

家飾＆生活雜貨

　　這幾年，泰國設計的家飾品、生活雜貨成為許多人用來裝飾自己家中的熱門商品。尤其那帶點南國熱帶氣氛的異國風情，以及融入傳統與摩登風格的設計，只要經過適當的擺設，一、兩樣商品就能使空間產生變化的情趣，因此讓很多人都愛不釋手，想要買來點綴自己的房間或其他居家空間。

　　在曼谷，從夜市、路邊攤到購物商場、百貨公司，都有許多專門販售各種家飾或雜貨類的商家，品質和價格的差異性自然也大。如果要購買較大型的家具，建議還是在賣場選購會比較好，至於一些純粹裝飾性的小物，如手工紙燈罩、小夜燈、花器等，就可以物美價廉的為主。

 Info　逛夜市、路邊攤，該如何殺價？

　　帕蓬夜市、洽圖洽市集等地方是許多人來到曼谷必逛的購物區。在這裡買東西，總是聽人家說殺價是必須的，但到底該如何殺價呢？如果真的看上某項商品，建議可以從 5 折左右開始出價，展開一場買方與賣方的雙方廝殺。但要注意的是，如果店家同意你所開出的價格，就一定要購買，不要出了價又不買，有時可是會引起店家的不悅，覺得你是來搗亂的亂出價。

泰國本土品牌

　　除了泰絲，泰國還有許多本土品牌的好東西值得購買。例如在台灣頗具知名度的文具類雜貨 Propaganda，線條簡單的小人以幽默的方式呈現在檯燈、杯子等設計上，而且價格比台灣便宜三到五成。

　　有泰國美體小鋪之稱的「Oriental Princess」，用各種天然水果與熱帶花朵提煉的保養品、沐浴用品、香氛等，價格與品質同樣迷人。當然紅到台灣開設旗艦店的曼谷包品牌「Naraya」，更是許多人前往曼谷非朝聖不可的熱門購物點。位在曼谷的 4 家分店內，經常可以看到台灣遊客提著購物籃大手筆採購的畫面，很多人甚至一買就達到滿 5,000Baht、可辦會員卡享受折扣的程度。

Info 哪裡買？

☆ Propaganda
網址：www.propagandaonline.com
店址：Emporium Shopping Complex 4 樓／BTS Phrom Phong 站；Siam Discovery Center 4 樓／BTS Siam 站

☆ Oriental Princess
網址：www.orientalprincess.com
店址：Central、The Mall、Big C、Lotus、Robison、家樂福等連鎖商店、百貨均有設櫃

☆ Naraya
網址：www.naraya.com
店址：Central World Plaza 1 樓／BTS Chit Lom 站；Sukhumvit 24 巷口專賣店／BTS Phrom Phong 站

泰絲製品

　　絲織品從很多年以前就成為泰國主要的出口商品之一，用品質優良的泰絲所製作而成的商品，摸起來觸感柔軟舒適，看起來則帶有天然的優雅光澤，不過價格當然也不便宜。泰絲不但可以製作成各種樣式的男女服裝、絲巾、領帶；在裝飾上具有畫龍點睛效果的抱枕、桌巾、床單等，也很受到海外遊客的喜愛。

　　想要購買品質較為優良的泰絲製品，建議可到百貨公司或泰絲品牌專賣店挑選，如最著名的 Jim Thompson Thai Silk、Shinawatra Thai Silk 等。有些泰絲專賣店還可以訂製專屬的抱枕、衣服、西裝等個人獨有風格的商品。通常這種客製化的商品從訂購到完成大約 7 天以上，如果在旅程中來不及等待完工，也可以請店家幫忙寄回台灣。

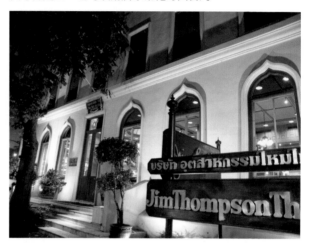

SPA & 薰香商品

　　來到曼谷，無論男女幾乎都不會錯過嘗試傳統的泰式按摩，或是結合各種精油的 SPA 療程，因此在曼谷到處可以看到三步一小間、五步一大間的按摩 & SPA 店。除了在當地享受價格便宜的 SPA 與按摩，同樣也可以採購各種相關商品回家，好好地寵愛自己一番。

　　曼谷許多知名的 SPA 店都會推出自有品牌的相關系列產品，像「HARNN & THANN」就是在台灣頗具知名度的泰國 Home Spa 品牌，曼谷很多百貨商場都設有分店。另外，在夜市或路邊攤也很容易找到琳瑯滿目的薰香、精油芳香蠟

燭等專賣的攤位，價格便宜，包裝也多半很可愛，成為許多人購買伴手禮的好選擇之一。

泰國設廠的國際品牌商品

泰國的勞工成本在全世界上來說算比較低廉，因此不少國際知名品牌會選擇在泰國設廠，這些泰國製造的品牌商品於當地購買，價格也會比台灣來得便宜。像是女性內衣品牌黛安芬、華歌爾，運動品牌 Nike、Adidas，英國著名的藥妝品牌 BOOTS，走開架通路的保養品品牌 L'ORÉAL、歐蕾等，都成為許多精打細算的旅人在曼谷旅遊時採購清單上的一項。

然而要提醒的是，該品牌並非所有的商品都是在泰國製造，不代表所有的商品就一定比較便宜，大部分都是該品牌中的某幾個系列商品而已。因此建議下手前不妨先在台灣蒐集好資料，或了解台灣的販售價格，才能真正買到便宜商品！

Info 在泰國買國際精品划算嗎？

泰國對於進口商品，尤其是國際精品品牌的關稅扣的比例較台灣更高，所以除非是在機場的免稅商店內購買，否則若於曼谷市區的品牌旗艦店或百貨公司內購買相同商品，平均售價都比台灣還要昂貴。

泰式按摩 & SPA

曼谷另一個迷人的地方，就是琳瑯滿目的按摩店及 SPA 中心。這些店家有的隱身於五星級飯店中，有的位處巷弄內，或是喧嚷的馬路邊，無論走到何處，旅人都能找到一個可以歇腳、放鬆的地方。

在曼谷享受按摩的最大優點，當屬價格。這裡的按摩與 SPA，不但價格僅有台灣的一半，選擇性更是超乎想像。你可選擇一家奢華至極的五星級飯店，當上幾個小時的貴婦；或找家精巧小店，在靜謐空間裡度過身心舒緩的時光。根據本身的預算，曼谷提供了多樣化的選擇，讓每個人都能體驗按摩與 SPA 的魔力。

Info 進行按摩及 SPA 注意事項

　　首先，無論是空腹或飽腹時都不適合進行。進行前通常都會先填寫問卷，或與按摩師溝通，了解所想要的力道、想加強及避開的部位；按摩時，若覺得力道太重、太輕，都可再提醒按摩師。較熱門的店家建議先預約，以免白跑一趟。

泰式按摩

「泰式按摩」（Thai Traditional Massage）主要在強調關節、淋巴的部位，結合穴道和瑜伽動作，達到全身的舒展。進行泰式按摩前，按摩師會先讓客人進行幾分鐘的足浴，然

後就可以換上店家所準備的寬鬆服裝,方便在按摩時延展。

泰式按摩通常是在大通鋪的薄墊上進行,順序一般會從腳部開始進行到頭部,整個過程多半的時間都是躺著進行,由身體的正面進行到背面。按摩師除了會以按、摸、拉、拽、揉、捏等手指動作來按摩,也會適時運用手肘、膝蓋及腳部。進行中,有時會因為扭轉或翻折動作,而讓平常不會運動到的關節發出「喀喀」聲。當然,在按壓穴道時,若有對應的反射區,可能會感覺疼痛。此時,只要相信按摩師、身體全然的放鬆,不用多久,身體的痠痛將完全消除,取而代之的是全身筋骨的舒展。

如果有時間上的考量或是想針對加強某些部位,也可以選擇局部療程。經歷長途跋涉的旅人,推薦一定要試試足部按摩,不管是剛下飛機的關節痠痛和浮腫,或是連日步行造成的腿部不適,足部按摩都能在短時間內幫助你獲得紓解。長期與鍵盤滑鼠為伍、肩頸僵硬的上班族,不妨選擇肩頸按摩,鬆鬆自己的筋骨,再繼續未完的旅程。

現在的泰式按摩還有結合「藥草球」(Herbal ball)的使用,將乾燥的泰國傳統藥草用布包裹成球狀,浸泡後加熱,隔著毛巾或是直接按壓在身體上,讓藥草的菁華慢慢滲透至皮膚中,同時達到按摩與活絡的功效。

SPA 芳療

一踏進 SPA 中心,很難不被清雅的花草香氣所吸引,這正是由於 SPA 芳療使用了天然精油的相關商品所致,因

此，SPA 芳療在價格上普遍比泰式按摩略高。如果選擇的是身體療程，在開始前需先進行簡單的沐浴，而不論男女，療程時都只穿上店家準備的免洗褲，生性較害羞的人在體驗時要做好心理準備。

　　SPA Menu 上的芳療項目，到底要從何選擇呢？最常見的是精油按摩（Aroma Oil Massage），在選定喜愛的精油後，即由芳療師藉由按摩的手法和力道及精油本身的功效，讓肌肉獲得舒緩。進行前可先告知芳療師希望加強及想略過的部位，才能讓身體真正達到放鬆的效果。

　　熱石按摩（Hot Stone Massage）是將浸過精油的溫熱石頭在重點穴位上按摩，同時有淋巴排毒、鬆弛肌肉之效。另外，也可嘗試身體去角質（Body Scrub）或體膜敷裹（Body Mask）這類特殊療程。療程結束後，肌膚的光澤度、緊實度絕對是大滿分！

　　SPA 芳療中心也有各式的臉部療程（Facial Treatment），可在旅程中保持好氣色，讓旅人消除疲憊、再現光采。

口碑店家推薦

店名	聯絡方式	網址
The Oriental SPA（曼谷東方文華酒店內）	0-2659-900 轉 7440 或 7444	www.mandarinoriental.com/
頂級的奢華服務，療程全部使用自家生產的精油商品。		
Marriott Resort & Spa	0-2476-0212	www.mandaraspa.com/spaBangkok-Marriott.aspx
由國際知名的 Mandara SPA 進駐服務，充滿著普吉島式度假風。		
Imperial Spa	0-2261-9000 轉 5115 或 5120	www.imperial-spa.com
位於四星級的 The Imperial Queen's Park Hotel 內，提供超大型浴缸讓客人使用。		
Rarinjinda wellness SPA	0-2670-55990、2670-5000 轉 4441	www.rarinjinda.com
有西藏式的頌缽流程，清邁總店曾多次獲獎。		
THANN SANCTUARY SPA	0-2658-0550	www.thann.info
全部使用自家「HARNN & THANN」商品。		
Coran Boutique spa	0-2651-1588	www.coranbangkok.com
擁有廣大庭院的 SPA 中心，並經日本厚生省認可。		
Urban Retreat SPA Phrom Phong Branch	0-2204-1042	www.urbanretreatspa.net
雅緻的裝潢，小而巧、服務佳。		
Lavana Bangkok	0-2229-4510	www.lavanabangkok.com
09:00~13:00 進行療程，即贈美式早餐。		
Body Tune	0-2661-0077	www.bodytune.co.th
平實的價格、專業的按摩手法吸引顧客。		
Health Land（Asok 分店）	0-2261-1110	www.healthlandspa.com
大型的連鎖按摩館，價位便宜，買按摩券更是划算，因此也有不少團體行程的客人會搭遊覽車前往。要先預約。		
Asia Herb Association（Sukhumvit 24 Phrom Phong shop）	0-2261-7401	www.asiaherbassociation.com
由日本人開設的連鎖按摩館，因此日本客人頗多。價位中等，但按摩師按摩技巧的好壞有時候得靠運氣。		
Chang（Siam Square 分店）	0-2654-6339	無
同樣也是屬於較為平價的按摩館，其中一間分店就位在 Siam Square，最適合逛街逛累了，來個足部按摩輕鬆一下。		
Let's Relax（Terminal 21 分店）	0-2108-0555	www.letsrelaxspa.com
在曼谷有兩家分店，其中一家就位在 Terminal 21 購物商場的 6 樓，很多人都是逛累了，就上去享受一下按摩放鬆。		

PLUS 路線

水上市場　Floating Market

　　早期的曼谷是一座水運比陸運交通發達的城市，就算到了今天已躋身成為國際大都市，市區許多地方仍然保有當年的水道運河，只不過以往河上熱鬧的船來船往、交易熱絡的景象，現在已無法在曼谷市中心看見。然而，迄今在曼谷郊區仍有數個水上市場，保有當年的繁華熱鬧景象，有機會來到曼谷，千萬別錯過安排近郊水上市場一日遊的活動。

　　來到水上市場，一定要試試搭乘小船穿梭在水道上，感受真實的臨場氣氛。迎面而來的，除了有搭載遊客的觀光船，還有一艘艘營業用的小船，有的在兜售紀念品，有的販賣泰式炒麵和炒飯、熱騰騰的湯麵，各式各樣的船隻穿梭其中，可說是琳瑯滿目，讓人目不暇給。無論想購買什麼商品，只要跟販賣的船家比個手勢，他就會移動到你的船邊，或是請船夫靠岸在你想參觀的兩岸商店前，好好選購一番。

　　當然，你也可以什麼也不買，就坐在船頭欣賞水上市場的風光，看著來來往往船隻，以及充斥在耳邊的討價還價喧嘩聲，偶爾和擦船而過的人群熱情的打聲招呼，甚至在「塞

船」時刻與隔壁船上的人合影留念，都是非常有趣的體驗。

　　搭過船後，別忘了預留一點時間，沿著兩旁的商店街走走逛逛，或是居高臨下觀賞河道間的繁忙與熱鬧，並且挑個好位置照相留念。

　　以下推薦幾個水上市場：

丹嫩莎朵水上市場
Damnoen Saduak Floating Market

- 市場特色：最受觀光客青睞的水上市場，也有不少旅行團安排來此。每天從 05:00 多就開始營業，到中午時間休市。
- 交通方式：自曼谷市區搭車往南部巴士站（Sai Tai），在 3 樓售票區的 85 號窗口買往丹嫩莎朵的車票，再到月台搭車。

大林江水上市場　Talingchan floating market

- 市場特色：大林江水上市場是一處只有周末才營業的水上市場，以泰國本地人居多，少了外國遊客的市場，更顯得傳統與純樸。
- 交通方式：可在 Siam Square 搭 79 號公車，上車後買票時記得跟車掌說要去大林江水上市場，到站時會提醒你該下車了。
- 遊船費用：每人 90Baht（約 2 小時，第一班導覽船 09:45 分開船）。

安帕瓦水上市場　Amphawa Floating Market

- 市場特色：安帕瓦水上市場可以說是「黃昏」水上市場，約 16:00、17:00 後，兩旁店家與販賣的船隻才會陸續出來營業。
- 交通方式：先從曼谷市區搭車前往南部巴士站（Sai Tai），在 3 樓售票區的 85 號窗口購買往安帕瓦的車票，然後前往月台搭車，到站時車掌也會提醒你該下車了。
- 遊船費用：每人 60Baht（約 1.5 小時，可觀賞螢火蟲）。

死亡鐵路之旅

從曼谷往西北延伸出去的這條鐵路支線，是條充滿歷史記憶的鐵路，最早興建於二次大戰期間，當年是為了方便運送物資於泰、緬之間，所興建的一條長達 400 多公里的鐵路。由於該鐵路經過的地形需要翻山越嶺，所以在建造上非常困難。當時為了要快速完工，盟軍派遣了大量的戰俘來幫忙，因此犧牲許多戰俘的性命，所以這段鐵路便被稱為「死亡鐵路」。

現在的死亡鐵路因為戰略關係拆除了大部分，已無法直接通達緬甸，但從曼谷地區到終點站 Nam Tok 這一段，卻成為曼谷近郊相當熱門的旅遊景點。尤其是「桂河大橋」（The Bridge over The River Kwai）這段鐵路，自從電影《桂河大橋》（The Bridge on The River Kwai）在此拍攝過後更是聲名大噪。

想體驗這段死亡鐵路之旅，最方便的方法就是參加泰國鐵路局推出的一日遊。為了推廣死亡鐵路之旅，鐵路局提供價格相當優惠的一日遊行程，不僅僅限於周末和假日，而且由於此行程相當受歡迎，需提早訂票。

早上 06：30 由華藍蓬火車站發車後，約一個多小時便抵達第一個停靠站 Phra Pathom Chedi，這是一座相當著名的佛塔，也可在此享用早餐；約再過一個多小時則達第二站，即桂河大橋，遊客可以下火車走在橋上，感覺相當驚險刺激。

過了桂河大橋不久後的這段鐵路，就是最驚險壯觀的懸崖路段。架設鐵道的木頭支撐架從山谷底部向上撐起整個鐵道，從窗外望出去，遠處是風景優美的桂河沿岸，火車底下則為險峻的峭壁，讓人不禁欽佩起當年辛苦造路的那些犧牲者。

　　大約中午左右，火車抵達終點站賽優諾克瀑布（Sai Yok Noi Waterfall），這附近有幾家小餐館，不過更多泰國人的玩法是在此野餐，之後再到瀑布下玩水。14：40，火車開始往回行駛，中途會在北碧車站（Kanchanaburi）稍事停留；這裡不遠處有一盟軍公墓（War Cemetery），墓園內排列整齊的墓碑都是二次大戰期間盟軍的殉難士兵。

　　最後，大約 20：00 左右就會返回曼谷華藍蓬火車站，結束這一整天的鐵路之旅。

Info 周末死亡鐵路一日遊

Travelling To Sai Yok Waterfall

☆營運時間：周六、日和國定假日

☆費用：無空調車廂，成人 100Baht、孩童 60Baht；
　　　　冷氣車廂，成人 200Baht、孩童 120Baht

☆班次時間表：去程 06:30 出發、11:30 抵達終點站；
　　　　　　　回程 14:40 出發、20:30 抵達曼谷

☆泰國鐵路局網站：www.railway.co.th

☆建議：
　・去程要坐在左邊的位置，才能看見火車行駛過懸崖上的
　　壯觀景象。
　・列車上有查票人員，同時負責沿途解說，不過是講泰文，
　　但可通簡單的英文，如說明停靠多久、幾點開車等。

行程規劃

5天4夜路線

Route 1 時尚購物

Day 1

抵達蘇汪納蓬國際機場
↓
旅館 CHECK IN
↓
旅館周邊散步（熟悉環境）
↓
SPA 按摩
↓
返回旅館

Day 2

旅館出發
↓
BTS National Stadium 站
↓步行
Jim Thompson House 博物館
↓步行
BMK 購物中心、Siam Squaie、
Siam Paragon
（午餐、逛街、購物、下午茶、晚餐）
↓
返回旅館

Day 3

旅館出發
↓
BTS Chitlom 站
↓步行
參拜四面佛
↓步行
Central World Plaza 購物中心、
Big C（逛街、購物、午餐）
↓
BTS Asok 站
↓步行
Terminal 21 購物中心及周邊
（逛街、購物、晚餐、SPA 按摩）
↓
返回旅館

Day 4

旅館出發
↓
BTS Mochit 站
↓步行
洽圖洽露天市集
（購物、午餐）
↓BTS
BTS Sala Daeng 站（下午茶、按摩）
or 回旅館放戰利品、休息
↓BTS
BTS Saphan Taksin 站
↓免費接駁船
Asiatique The Riverfront
（逛街、晚餐）
↓
返回旅館

Day 5

旅館 CHECK OUT
↓
旅館周邊商圈最後採買
↓
蘇汪納蓬國際機場
↓
返抵家門

Route **2** 文化采風

Day 1

抵達蘇汪納蓬國際機場
↓
旅館 CHECK IN
↓
Emporium 購物中心
（晚餐、逛街）
↓
SPA 按摩
↓
返回旅館

Day 2

旅館出發
↓
BTS Saphan Taksin 站
↓水上巴士
大皇宮
↓水上巴士
臥佛寺
↓計程車
東方文華酒店下午茶
↓酒店接駁船
BTS Saphan Taksin
↓免費接駁船
Asiatique The Riverfront
（逛街、晚餐）
↓
返回旅館

Day 3

旅館出發
↓
BTS Sukhumvit 各站的購物中心
（逛街、午餐、下午茶、晚餐）
↓
SPA按摩
↓
返回旅館

Day 4

旅館出發
↓
死亡鐵路或郊外水上市場
一日遊
↓
返回旅館

Day 5

旅館 CHECK OUT
↓
BTS On Nut 站
（Tesco 商場紀念品、零食採買）
↓
蘇汪納蓬國際機場
↓
返抵家門

Route 3 美食饗宴

Day 1

抵達蘇汪納蓬國際機場
↓
旅館CHECK IN
　↓步行
旅館周邊散步（熟悉環境）
　↓BTS轉接駁船
Asiatique The Riverfront
（購物、晚餐）
↓
返回旅館

Day 2

旅館出發
↓
Emporium 購物中心
　↓BTS或計程車
午餐：宮廷料理
　↓BTS
BTS Siam 站
（周邊購物、下午茶、晚餐）
　↓BTS
SPA 按摩
　↓BTS
返回旅館

Day 3

旅館出發
↓
BTS Saphan Taksin 站
　↓水上巴士
水上巴士遊昭披耶河
　↓水上巴士
大皇宮
　↓步行 10 分鐘
臥佛寺
　↓渡船
黎明寺
　↓水上巴士
東方文華飯店下午茶
　↓水上巴士 + BTS 或計程車
高樓餐廳觀夜景、晚餐
　↓BTS或計程車
返回旅館

Day 4

旅館出發
↓
BTS Mochit 站
　↓步行 3 分鐘
洽圖洽露天市集
（購物、午餐）
　↓BTS
BTS Victory Monument 站
　↓步行 1 分鐘
品嘗周邊小吃、庶民美食
　↓BTS
五星級飯店內泰式料理
　↓BTS或步行
SPA 按摩
↓
返回旅館

Day 5

旅館 CHECK OUT
↓
旅館周邊商圈最後採買
↓
蘇汪納蓬國際機場
↓
返抵家門

Route 4 寵愛美麗

Day 1

抵達蘇汪納蓬國際機場
↓
旅館CHECK IN
↓步行
旅館周邊散步（熟悉環境）
↓BTS
Emporium 購物中心
（購物、晚餐）
↓步行
SPA 按摩
↓
返回旅館

Day 2

旅館出發
↓
BTS Mochit 站
↓步行 3 分鐘
洽圖洽露天市集（購物、午餐）
↓BTS
BTS Sala Daeng 站
（下午茶、SPA 按摩）
↓BTS 或計程車
高樓餐廳賞夜景、晚餐
↓BTS
返回旅館

Day 3

旅館出發
↓
BTS Siam 站
↓步行
周邊購物商場、美食
↓BTS
BTS Chitlom
↓步行
周邊購物商場、美食
↓BTS
返回旅館

Day 4

旅館出發
↓
BTS Saphan Taksin 站
↓水上巴士
水上巴士遊昭披耶河
↓水上巴士
大皇宮
↓步行 10 分鐘
臥佛寺
↓渡船
黎明寺
↓水上巴士
東方文華飯店下午茶、SPA
↓水上巴士 + BTS
BTS Siam 站（購物、晚餐）
↓BTS
返回旅館

Day 5

旅館 CHECK OUT
↓
SPA按摩
↓
蘇汪納蓬國際機場
↓
返抵家門

6天5夜路線

Route 1 美食賞遊

Day 1

抵達蘇汪納蓬國際機場
↓
旅館 CHECK IN
↓步行
旅館周邊散步（熟悉環境）
↓BTS轉接駁船
Asiatique The Riverfront
（購物、晚餐）
↓BTS 或 MRT
返回旅館

Day 2

旅館出發
↓
BTS Saphan Taksin 站
↓水上巴士
水上巴士遊昭披耶河
↓步行
考山路周邊
↓水上巴士
大皇宮
↓步行 10 分鐘
臥佛寺
↓渡船
黎明寺
↓水上巴士
水上巴士 Ratchawong Pier 站
↓步行
中國城（購物、晚餐）
↓巴士或計程車
返回旅館

Day 3

旅館出發
↓
BTS Mochit 站
↓步行 3 分鐘
洽圖洽露天市集（購物、午餐）
↓BTS
BTS Sala Daeng 站
（下午茶、SPA 按摩）
↓BTS或計程車
高樓餐廳觀夜景、晚餐
↓
返回旅館

Day 4

旅館出發
↓
BTS Mochit 站
↓步行 3 分鐘
洽圖洽露天市集（購物、午餐）
↓BTS
BTS Victory Monument 站
↓步行
品嘗周邊小吃、庶民美食
↓BTS
五星級飯店內泰式料理
↓BTS或步行
SPA 按摩
↓BTS
返回旅館

Day 5

旅館出發
↓
死亡鐵路或郊外水上市場一
日之旅
↓
返回旅館

Day 6

旅館 CHECK OUT
↓
旅館周邊商圈最後採買
↓
蘇汪納蓬國際機場
↓
返抵家門

Day 4

旅館出發
↓
BTS Mochit 站
  ↓步行 3 分鐘
洽圖洽露天市集
（購物、午餐）
  ↓ BTS
BTS National Stadium 站
（Jim Thompson House 博物館）
  ↓ BTS
五星級飯店內泰式料理
  ↓ BTS或步行
SPA 按摩
  ↓ BTS
返回旅館

Route 2 美麗時尚

Day 1

抵達蘇汪納蓬國際機場
↓
旅館 CHECK IN
  ↓步行
旅館周邊散步（熟悉環境）
  ↓ BTS
Emporium 購物中心
（購物、晚餐）
  ↓步行
SPA 按摩
  ↓ BTS
返回旅館

Day 5

旅館出發
↓
BTS Saphan Taksin 站
  ↓水上巴士
水上巴士遊昭披耶河
  ↓水上巴士
大皇宮
  ↓步行 10 分鐘
臥佛寺
  ↓渡船
黎明寺
  ↓水上巴士
東方文華飯店或半島酒店下午茶
  ↓水上巴士 + BTS 或計程車
高樓餐廳觀夜景、晚餐
  ↓ BTS
返回旅館

Day 2

旅館出發
↓
BTS Chitlom 站
  ↓步行 3 分鐘
參拜四面佛
  ↓步行
周邊購物中心採買
  ↓步行
Red Sky 高樓露天餐廳
（賞夜景、晚餐）
  ↓ BTS
返回旅館

Day 6

旅館 CHECK OUT
↓
SPA 按摩
↓
蘇汪納蓬國際機場
↓
返抵家門

Day 3

旅館出發
↓
SPA 按摩
  ↓ BTS
BTS Siam 站
（購物、午餐、下午茶、晚餐）
  ↓ BTS
返回旅館

7天6夜路線

Route 1 美麗時尚

Day 1

抵達蘇汪納蓬國際機場
↓
旅館CHECK IN
↓步行
旅館周邊散步（熟悉環境）
↓BTS或步行
SPA按摩
↓BTS或步行
返回旅館

Day 2

旅館出發
↓
BTS Saphan Taksin 站
↓水上巴士
水上巴士遊昭披耶河
↓水上巴士
大皇宮
↓步行 10 分鐘
臥佛寺
↓渡船
黎明寺
↓水上巴士
東方文華飯店或半島酒店下午茶
↓水上巴士
Asiatique The Riverfront
↓BTS
返回旅館

Day 3

旅館出發
↓
BTS Chitlom 站
↓步行 3 分鐘
參拜四面佛
↓步行
周邊購物中心採買
↓BTS或步行
五星級飯店內泰式料理
↓BTS或步行
SPA 按摩
↓BTS或步行
返回旅館

Day 4

旅館出發
↓
死亡鐵路或郊外水上市場
一日之旅
↓
返回旅館

Day 5

旅館出發
↓
SPA 按摩
↓BTS
BTS National Stadium 站
（Jim Thompson House 博物館）
↓BTS
BTS Siam 站
（購物、午餐、下午茶、晚餐）
↓BTS
返回旅館

Day 6

旅館出發
↓
BTS Mochit 站
↓步行 3 分鐘
洽圖洽露天市集
（購物、午餐）
↓BTS或步行
水門市場逛街購物
↓步行 12 分鐘
Baiyoke 高樓賞夜景、晚餐
↓計程車
返回旅館

Day 7

旅館 CHECK OUT
↓
SPA 按摩
↓
蘇汪納蓬國際機場
↓
返抵家門

Route **2** 美食玩樂

Day 1

抵達蘇汪納蓬國際機場
↓
旅館 CHECK IN
↓步行
旅館周邊散步（熟悉環境）
↓BTS轉接駁船
Asiatique The Riverfront
（購物、晚餐）
↓BTS
返回旅館

Day 2

旅館出發
↓
死亡鐵路或郊外水上市場
一日之旅
↓
返回旅館

Day 3

旅館出發
↓
SPA 按摩
↓BTS
BTS National Stadium 站
（Jim Thompson House 博物館）
↓BTS
BTS Siam 站
（購物、午餐、下午茶、晚餐）
↓BTS
返回旅館

Day 4

旅館出發
↓
BTS Saphan Taksin 站
↓水上巴士
水上巴士遊昭披耶河
↓水上巴士
中國城
↓水上巴士
黎明寺
↓渡船
臥佛寺
↓步行 10 分鐘
大皇宮
↓步行 15 分鐘
考山路逛街、晚餐
↓巴士或計程車
返回旅館

Day 5

旅館出發
↓
BTS Chitlom 站
↓步行 3 分鐘
參拜四面佛
↓步行
周邊購物中心採買
↓步行
Red Sky 高樓露天餐廳
（賞夜景、晚餐）
↓BTS
返回旅館

Day 6

旅館出發
↓
BTS Mochit 站
↓步行 3 分鐘
洽圖洽露天市集（購物）
↓BTS
BTS Victory Monument 站
↓步行
品嘗周邊小吃、庶民美食
↓BTS
BTS Phrom Phong 站
↓步行
Emporium 購物中心及其周邊
↓BTS或步行
SPA 按摩
↓BTS
返回旅館

Day 7

旅館 CHECK OUT
↓
旅館周邊商圈最後採買
↓
蘇汪納蓬國際機場
↓
返抵家門

Part
6

美味曼谷
Foods and Restaurants

泰式美食

泰國餐廳類型

餐廳推薦列表

泰式美食

泰國料理在台灣向來都是頗受歡迎的異國美食，尤其台北、高雄等都會區隨處都可看見不少泰式餐廳。既然來到曼谷，又怎能輕易錯過如此一個大啖美食的好機會呢？

泰國菜的特色是幾乎每一道菜都運用了大量的香料，包括南薑、檸檬草、香菜、九層塔等，而各種綠的、紅的、黃的辣椒，也是泰國料理中不可缺少的佐料，但往往看似辛辣的菜色中，有些卻因加入椰奶調和而增添了溫順的口感；有些則因適量的酸度與甜度綜合，使口感層次更加豐富。

由於泰國幅員廣大，各地區的菜色與口味也略有不同，例如北部地區因為靠近緬甸、寮國，又有不少來自雲南的華人，所以在口味上結合了緬甸與雲南菜，嘗起來比較不辣；東北地區則有較多醃漬或涼拌菜色，廣受歡迎的涼拌青木瓜沙拉就是源自於此；南部地區因為靠近海邊，所以有各種豐富的海鮮料理；至於位居中間位置的曼谷，則占地利之便，可以盡情享用來自泰國各地區的豐富美食。

青木瓜沙拉　Som Dam ส้มตำ

很多人喜歡的青木瓜沙拉是到泰國必嘗的菜色。這道涼拌菜主要是將口感清脆的青木瓜和番茄、四季豆、小茄子及炒得香酥的花生拌在一起，道地的泰國東北涼拌青木瓜還會加入生的螃蟹或蝦子，很適合在炎熱的天氣作為開胃菜。

根據經驗，通常路邊攤的青木瓜沙拉會比餐廳更美味，只是衛生與口味比較不適合台灣遊客。

魚餅　Thord Man Bla ทอดมันปลา

　　將魚肉打成泥，加入九層塔、豌豆等配料一起混合，然後捏成扁平狀的圓餅，入油鍋中炸到外表金黃酥脆。魚餅一定要趁熱吃，才能嘗到外酥內 Q 的魚肉鮮甜滋味，再沾上一點甜辣醬汁更美味。

綠咖哩　Gang Kio Wan แกงเขียวหวาน

　　泰國的咖哩通常會加入椰奶，增加溫醇口感，而且依照添加的辣椒顏色不同，還可區分為綠咖哩、紅咖哩和黃咖哩三種。通常綠咖哩適合與海鮮、雞肉搭配，紅咖哩和黃咖哩則適合與牛肉、豬肉等紅肉一起搭配。

泰式蚵仔煎　O Suan ออส่วน

　　別懷疑，真的是蚵仔煎。泰式與台灣的蚵仔煎不僅在材料上略有不同，粉漿濃稠的比例也不一樣；而吃蚵仔煎最重要的醬料更是大不相同，泰國的吃起來味道較重、較鹹，有的則是略微偏甜，有興趣的朋友不妨親嘗、比較。

酸辣蝦　Tom Yan Gong ต้มยำกุ้ง ／
酸辣魚湯　Tom Yan Pa ปลา

又酸又辣的泰式酸辣湯也是很多台灣人喜愛的一道泰式料理。不僅口感獨特，嘗起來還有濃濃的檸檬香茅與南薑風味，在濃郁中又帶點清爽的滋味，搭配新鮮又有彈性的蝦子或魚肉最為對味。

芒果咖哩雞
Ma Muag Gaeng Kiew Waan
มะม่วงแกงเขียวหวาน

芒果配咖哩？別奇怪，這樣的組合可是泰國才有的美味喔！加入椰奶烹調的濃稠咖哩中，有著燉煮到已經軟爛入味的雞肉，還有新鮮口感的香甜芒果，吃起來一點都沒有衝突感，反而因為芒果的香氣讓這料理在入口後更加齒頰留香。

炸豬腳
Thord Khar Moo ทอดขาหมู

來自泰北的一道菜色，有些泰國人認為這道菜其實是融合中國料理的泰式菜餚。作法是將醃過的一整塊帶皮豬腿肉先略為汆燙，再送入烤箱中燒烤，一直烤到外皮酥脆就算大功告成。吃的時候沾著帶點酸、辣的店家特調醬汁，非但完全不油膩，反而有滿口的肉香味。

炒空心菜
Pak Bong Fai Dang ผักบุ้งไฟแดง

這道菜對台灣遊客而言一定也不陌生，加上豆醬、辣椒大火快炒的空心菜，鮮脆的口感與微辣微鹹的滋味，同樣也是搭配白飯的最佳選擇。在曼谷，從路邊攤、小餐館到高級的泰式餐廳，都可以嘗到這道料理，是泰國平民美食天王。

泰式炒飯　Kau Pad ข้าวผัด

用泰國特有的香米「茉莉米」（Jasmine Rice），加上雞蛋、一點點紅蘿蔔、四季豆、肉末炒出來的炒飯，雖然用料簡單，但粒粒分明的口感與微焦的香氣非常迷人，尤其再淋上新鮮的酸桔汁，更增添了清爽又清香的滋味。

泰式炒麵
Pad Thai ผัดไทย

以米做成極富彈性的麵條，再加上些許綜合蔬菜，用帶有甜味的濃郁醬汁加以拌炒，炒好後灑上一大匙香酥的花生粉粒，一上桌就是陣陣香味撲鼻。食用的時候別忘了擠上鮮桔汁，然後加一點酸酸的辣椒醋水，再拌上生的韭菜與豆芽菜，香脆又彈牙的口感，成為許多人必嘗的美食。

Info

來一杯泰式奶茶！

泰國四季如夏，各式各樣的冰涼飲料都很受歡迎，其中又以具有獨特橘紅色的泰式奶茶（Cha Yen）著稱，因此在曼谷的餐廳或者路邊的飲料攤常可見到它的蹤影。

泰式奶茶的原料是用泰國特產的紅茶，據說這種紅茶是加入了一種酸果子一起烘焙，所以不僅有種獨特的香味，顏色也與一般紅茶不同，略帶深橘色。好喝的泰式奶茶須現場沖泡，剛沖好的熱紅茶加上固定比例的奶水、煉乳、糖，然後再經過「拉茶」的過程，如此不僅能讓奶和茶的味道均勻融合，口感也會更滑順。拉好的茶之後，杯子要先裝入滿滿的冰塊，再將奶茶倒入杯中，最後淋上少許的煉乳，一杯道地的泰式奶茶就完成了。

提醒一下，泰國人對甜味的接受度通常要比台灣人高很多，所以怕太甜的朋友，千萬要記得跟店家說不要太甜喔！另外，喜愛泰式奶茶的朋友，也可以到超市買調味好的奶茶粉回家自行沖泡，雖然不若現場沖泡的香甜，但還是有泰式奶茶的風味！

炒粿條　Pad Si Yu ผัดซีอิ๊ว

用台灣也很普遍的河粉來烹調的一道平民美食，純米做的粿條雖薄卻有彈性，加上蔬菜與雞肉或豬肉快炒成一道帶點醬油色的美食。泰國人喜歡吃的時候再依照個人喜好添加辣椒粉、辣椒醋水與少許糖，與台灣的炒河粉相比，滋味很不一樣。

粿條湯　Guay Dteaw ก๋วยเตี๋ยว

用雞骨或豬骨熬出來的高湯所烹煮的粿條湯，也是一道在路邊隨處可見的美食，清澈的湯汁嘗起來鹹中又帶點甜的口感，搭配還散發著濃濃米香的粿條與清脆的豆芽菜非常對味。

不過要提醒的是，通常路邊麵攤的湯麵都添加很多味精，若不喜歡味精者，可請老闆不要加。

湯麵（雞蛋麵）Bame บะหมี่

湯麵除了可以選擇各種寬度不同的粿條，有一種看起來像是台灣意麵的黃色雞蛋麵，也是很普遍的湯麵選擇之一。基本上，所有湯麵的材料都差不多，搭配的肉類則可選擇雞肉或豬肉。

蔬菜清湯　Dom/Gang Jued แกงจืด

吃膩了口味厚重的料理，不妨點這道蔬菜清湯來緩緩口中的滋味。大量的白菜、少許粉絲、豆腐、肉丸子加上清高湯一起烹煮，蔬菜的鮮甜滲進高湯中，而高湯的鮮美則融入豆腐與肉丸子裡，清爽卻又豐富的口感讓許多人喜愛，灑點胡椒，滋味更棒。

海鮮燴粿條　Rad Naa ราดหน้า

　　粿條的吃法除了炒和煮湯之外，與醬油略微拌炒後再淋上濃稠醬汁的粿條，也是一道很受歡迎的小吃。燴河粉的濃稠醬汁不但加入許多蔬菜，還可選擇海鮮、豬肉或雞肉等口味，再調上一點酸桔汁和辣椒粉，才是道地的泰國吃法。

Info　超商、超市零食尋寶趣！

　　在曼谷，除了尋找餐廳與路邊小吃攤上的美食之外，千萬別忘了也要到超商或超市去逛逛，尋找一些充滿泰國味的零食小吃。像是嘗起來有點像台灣人熟悉的情人果的醃漬芒果、許多人吃過就會愛上的辣魷魚片、充滿濃郁香蕉味的POCKY 巧克力棒、泰式酸辣蝦口味的洋芋片、酥脆又不油膩的海苔……。還有，許多愛漂亮的女生喜歡喝的膠原蛋白或 Q10 等美容飲品，在每間超市或超商也都有不少選擇，而且價格可是比台灣的美容飲品要便宜不少喔！

打拋豬肉　Ga Praow Moo　กะเพราหมู

　　「打拋」（Ga Praow）是一種泰國香料，味道跟台灣的九層塔很像，醃過的碎豬肉末配上打拋，以及四季豆、辣椒等蔬菜一起大火快炒後，就是一道香味四溢、口味偏重的泰式家常料理。在小餐館或路邊攤，經常可以看到這道菜色，同樣也是搭配白飯就成了簡單又可口的一餐。

月亮蝦餅
Gung Phra Jan Tod กุ้งพระจันทร์ทอด

　　同樣也是台灣人眼中的人氣泰式料理，在台灣的每一家泰式餐廳都有這道菜，不過在曼谷、甚至全泰國的餐廳卻都不太容易找到這道料理，僅有部分餐廳供應，較常見的則是圓餅狀的金錢蝦餅（Tod Man Gung Ga Bung，ทอดมันกุ้งกระเบื้อ）。好吃的蝦餅一定要用新鮮的蝦子製作，而且不能全打成蝦泥，還要保有一些蝦子的彈性，口感才是最佳。

泰式火鍋　Suki สุกี้

　　有別於台灣火鍋講究各式各樣的湯頭，泰式火鍋的湯頭則顯得較為平凡，但是各種琳瑯滿目的火鍋料，配上泰國口味的沾醬，就成了泰國人喜愛的美食。在曼谷許多地方都可見泰式火鍋專賣店，其中 MK、HOT POT 這兩大連鎖火鍋店最為普及，MK 以單點計價，HOT POT 則主推吃到飽。

香蕉蛋餅　Rotii โรตี

　　在台灣，吃蛋餅是沾醬油或甜辣醬，但是在泰國，蛋餅多半是甜的，而且還喜歡加入新鮮的香蕉一起吃。現場揉的餅皮單面煎至酥脆後移到鐵盤的邊緣，打上一

個蛋在鐵盤上煎，接著再把餅皮蓋在蛋上，若要加香蕉也在此時加入，然後折成四方形、淋上大量的煉乳並灑白糖，泰國特有的香蕉蛋餅就大功告成了。

碎肉蛋餅

Kai Jiew Moo Sab ไข่เจียวหมูสับ

用香料與醬油等調味料和事先醃過的碎豬肉末與蛋液混合後，以小火煎成一塊厚厚的蛋餅，看起來普通，嘗起來卻是美味無比，難怪這會是道很受泰國人喜愛的家常料理。剛煎好的碎肉蛋餅，光配上一盤香噴噴的泰國白米飯，就可以讓許多人一口接一口。

雞肉飯　Kau Men Gai ข้าวมันไก่

乍看雞肉飯，會以為是新加坡的海南雞飯，但若問泰國人，他們可都會說這是泰式料理，不是新加坡料理喔。好吃的雞肉飯，除了雞肉本身的肉質要好之外，用雞油煮出來香噴噴飯與醬料也是重點，吃的時候不妨學學泰國人，直接把略酸略辣的醬料淋在雞肉和飯上一起拌著吃更好吃。

Info 上料理學校學泰國菜

　　如果光是品嘗泰國美食還不過癮，你也可以參加曼谷當地的烹飪學校，親自感受下廚烹調泰式料理的樂趣，而且可趁此機會，認識許多泰國香料等食材。這些烹飪學校幾乎都是用英文教學，許多還會提供市中心的免費飯店接駁服務。

☆ Blue Elephant
　　地址：233 South Sathorn Rd.
　　電話：0-2673-9353
　　網址：www.blueelephant.com
　　交通：BTS，Sarasak 站

☆ Silom Thai Cooking School
　　地址：C/O Sanusi Mareh, Proprietor, 68 Silom Soi 13, Silom Rd.
　　電話：084-726-5669
　　網址：www.bangkokthaicooking.com
　　交通：BTS，Chong Nonsi 站

☆ Bapai Thai Cooking School
　　地址：8/91 Ngam Wongwan Road, Soi 54 Ladyao, Chatuchak
　　電話：0-2941-0929
　　網址：www.baipai.com
　　交通：位置較遠，需由烹飪學校接送

☆ UFM Baking & Cooking school
　　網址：www.ufmeducation.com
　　SUKHUMVIT 分店
　　地址：593, 593/29-39 Soi Sukhumvit33/1, Sukhumvit Rd.
　　電話：0-2259-0620
　　交通：BTS，Phrom Phong 站
　　SIAM SQUARE 分店
　　地址：180-184 Bakery House Bldg., Siam Square Soi 1, Patumwan
　　電話：0-2252-7286
　　交通：BTS，Siam 站

☆ Sompong Thai Cooking School
　　地址：31/11 Silom Soi 13 , Silom Road
　　電話：0-2233-2128、084-779-8066
　　網址：www.sompongthaicookingschool.com
　　交通：BTS，Chong Nonsi 站

泰國餐廳類型

餐廳

想要大啖美味十足的泰國料理,當然要上餐廳好好品嘗一番。曼谷餐廳數量很多,價位差距也不小,不過既然人都到曼谷度假了,建議至少要找個機會到餐廳享用一頓大餐,好好犒賞自己一下。

除了知名五星級飯店的高級餐廳,曼谷地區也有不少中價位的連鎖餐廳,例如結合麵包店與泰式簡餐的 S&P、單點的火鍋專賣店 MK、吃到飽的火鍋店 HOT POT 等。曼谷市區也有數家宮廷料理餐廳,提供高級餐飲享受,除了用餐環境古典優雅,餐點多半口味清淡、分量小巧、盤飾精緻,因而吸引觀光客前來品嘗體驗。

若是吃膩了泰國料理,想要換換口味。在曼谷也隨處可見來自海外的異國料理餐廳,有義大利菜、中國菜、越南菜、日本菜、墨西哥菜、美式漢堡等。據當地人表示,在這些異國料理中,又以日本菜對曼谷人的吸引力最大,所以日本料理店更是隨處可見,甚至有不少來自日本的知名連鎖餐廳都在此設立分店。

平價餐館

想要品嘗便宜又美味的道地曼谷料理,各種不同的主題餐館就是最佳選擇。通常這類型餐館大都同時販賣麵食和飯食,菜單上的選擇相當多。麵食部分,有各式湯麵或炒麵;飯食不但有最普遍的炒飯,也有將各種肉類搭配不同的青菜快炒後,直接蓋在白飯上的吃法,很受歡迎,而且適合一、

兩個人用餐的時候。若是三、五好友一起，不妨點個幾道菜、一道湯，然後一人一碗白飯，平均每人花費約 50 至 100Baht 就可吃到撐，相當划算。

　　購物商圈周邊的餐館，多半都有提供英文菜單，或直接將每道菜的照片展示在菜單上，因此點菜不會太困難。若是真的看不懂菜單，又無法用英文溝通，不妨走到通常設於店面口的烹調區，直接用手比給對方看就可以了。

Info 調出獨一無二的專屬口味

　　在曼谷，不！應該說是全泰國，只要是有賣麵的地方，無論是路邊小麵攤或餐廳，都一定會看到桌上放著四瓶調味罐。

　　當熱騰騰的湯麵一端上桌，泰國人做的第一件事不是先喝湯，也不是先嘗一口麵，而是先打開這四小瓶調味罐，這個加一點、那個加一點，然後加以拌勻，才開始享受自己調配專屬口味的一碗湯麵。因此到曼谷吃麵，別忘了學學泰國人，試著調出更棒的滋味喔！

右上：白糖。泰國人口感偏甜，所以多會加些糖在湯麵中。
右下：辣椒粉。想吃辣的加這味就對了。
左上：辣椒醋。可增加酸度與辣椒的香味，這種辣椒多半
　　　比較不辣。
左下：魚露。可增加鹹味與鮮味，不辣。

百貨公司美食廣場

曼谷的百貨公司或購物商場內，除了有為數不少的餐廳，也一定都設有美食廣場的用餐區。和台灣一樣，廣場內的攤位有各式各樣的選擇，包括具代表性的泰國料理、來自不同國家的美食等，只要美食廣場走一圈，就可知道現在曼谷人流行吃什麼。

在曼谷較特別的是，無論百貨公司或購物商場內的美食街，都必須使用餐券購買餐點。所以，要在美食街用餐或買小點心，記得要先於入口處的櫃台購買餐券，才能適用美食廣場上各個不同的攤位。現在的餐券多半是以儲值卡的方式使用，儲值好後消費時，店家會直接扣除裡面的金額。建議不妨先看好想吃什麼、大概多少錢，再決定要購買多少的儲值卡，不過買多了也無須擔心，只需要再回櫃台直接兌換成現金即可，非常方便。

路邊攤

在熱鬧商圈附近的小巷子裡，常可見許多販賣食物的路邊攤，夜市裡就更不用說了，各式各樣的國民美食，五花八門的呈現眼前，不時還可聞到飄來的陣陣香味，不禁令人食指大動。

這些賣食物的小攤子，有販賣現切的新鮮水果、青木瓜沙拉、現打新鮮果汁、泰式奶茶和咖啡、烤肉串、烤花枝、湯麵、熱炒、

肉粥、炸丸子、奶油玉米……，許多曼谷人的中午用餐時間，就是在這些琳瑯滿目的美食攤販中打發的。傍晚下班之後，也有不少職業婦女會購買裝了一袋袋的美食，回家和家人共享，節省烹飪的時間。

　　來到曼谷，若是錯過了品嘗路邊攤國民美食的機會頗為可惜，不過，還是有不少台灣旅客會擔心衛生的問題。其實有個小方法，在購買之前，先觀察一下攤販的清潔衛生，並挑選較多當地人也會光顧的攤位，這樣就不用擔心了！

Info 　來曼谷，不可不嘗的超值冰淇淋

　　在台灣屬於價位偏高的美國冰淇淋品牌——雙聖冰淇淋，到了曼谷的價格要比台灣便宜一半，而且在所有曼谷市的熱鬧商圈中，幾乎都可輕易發現專賣店，所以喜歡吃冰淇淋的朋友，來到曼谷千萬別錯過大啖冰淇淋的好機會。除了雙聖冰淇淋，在台灣同樣分店數量少且價位偏高的 31 冰淇淋，到這裡也很容易發現，且價位比台灣便宜喔！

餐廳推薦列表

店名	聯絡方式	營業時間
宮廷料理		
Blue Elephant	地址：233 South Sathorn Rd. 電話：0-2673-9353 網址：www.blueelephant.com	11:30~14:30、 18:30~22:30
由歐洲紅回泰國的高級餐廳。		
Bussaracum	地址：1 Si Wiang Road (off Soi Pramuan), Sathorn/Silom 電話：0-2630-2216 網址：www.bussaracum.com	11:00~14:00、 17:30~22:30
精緻雕刻藝術的美食，色香味俱全。		
Than Ying	地址：10 Thanon Pramuan (Pramuan St.), off Silom Rd., between Silom 17 and 19 電話：0-2236 4361 網址：www.thanying.com	11:30~22:30
用餐氣氛幽雅，有多種不同價位的套餐可選擇。		
Celadon	地址：13/3 South Sathorm Rd. 電話：0-2344-8888 網址：www.sukhothai.com/Dining/Celadon	12:00~15:00、 18:30~23:00
在素可泰飯店內，風味正統，並以泰國高級青瓷盛裝。		
火鍋		
MK	網址：www.mkrestaurant.com	11:00~22:00
知名連鎖火鍋餐廳，採單點。多處購物商場內均設有分店。		
ShabuShi	網址：www.oishigroup.com	各家分店 略有不同
同樣也是知名連鎖火鍋餐廳，並供應壽司，採吃到飽單一價。		
HOT POT	網址：www.hotpot.co.th	各家分店 略有不同
吃到飽的連鎖火鍋餐廳，分為兩種價位，另有 HOT POT 拉麵專賣店。		
COCA	網址：www.coca.com	各家分店 略有不同
在曼谷有 8 家分店的火鍋餐廳，採單點制。		

店名	聯絡方式	營業時間
泰式料理		
Mango Tree	地址：37 soi Tantawan, Surawongse Rd 電話：0-2236-2820 網址：www.coca.com/mangotree	11:30~24:00
和 COCA 屬於同一集團。此店口味較清爽，用餐環境幽雅舒適。		
Wanakarm	地址：98 Soi 23 Sukhumvit Rd. 電話：0-2258-4241	11:30~23:00
20 年歷史的老餐廳，以東北菜色為主。價格便宜。		
Banana Leaf	地址：Silom Complex 商場 4F	11:00~21:30
連曼谷人都愛的家庭式餐廳，美味又便宜。		
You & Mee	地址：B1 Grand Hyatt Erawan Bangkok 網址：www.bangkok.grand.hyatt.com/en/hotel/dining/YouandMee.html	11:00~23:00
五星級飯店內的餐廳，價格平實、口味佳。18:00 過後供應吃到飽自助餐服務。		
Vientiane Kitchen	地址：8 Soi 36, Th Sukhumvit 電話：0-2258-6171	18:00~23:00
中高級的晚餐餐廳，有道地的泰國美食，現場還有東北傳統音樂演奏。		
Yumsaap	網址：www.yumsaap.co.th	各家分店不一
全泰國連鎖的平價泰式料理餐廳，口味相當道地、價格平實。		
Baan Khanitha	地址：Soi 23, 36/1 Sukhumvit Rd. 電話：0-2258-4128 網址：www.baan-khanitha.com	11:00~23:00
口味傳統的中高價位餐廳，菜單種類眾多。		

店名	聯絡方式	營業時間
異國風味		
Zanotti	地址：Soi Sala Daeng 1, Silom Rd. 電話：0-2678-0577	17:00~24:00
曼谷知名大利餐廳，口味道地。		
Face Bar	地址：29 Sukhumvit Rd, Soi 38 電話：0-2713-6048 網址：www.facebars.com/en/bangkok/restaurant	
以東南亞菜為主，用餐氣氛佳。海外也設有分店。		
Benihana	地址：257 Charoennakorn Rd （Anantara Riverside Resort & Spa 內） 電話：0-2476-0022	11:30~14:30、 18:00~22:30
連鎖鐵板燒餐廳，曼谷唯一、也是全球最便宜的分店。		
The Crepes & Co.	・Langsuan 分店 地址：59/4 Soi Langsuan, (Langsuan Soi 1) Ploenchit Road, Lumpini, Patumwan 電話：0-2652-0208 ・Thonglor 分店 地址：8 Thonglor building, ground floor, 88 Thonglor Soi 8 電話：0-2726-9398 網址：www.crepes.co.th	周一至周六 09:00~23:00，周 日 08:00~23:00
提供 100 多種口味的法式可麗餅餐廳，並有早、午餐（Brunch）。		
Greyhound Café 及 Another Hound by Greyhound Café	網址：www.greyhound.co.th	各家分店不一
當地服飾品牌跨足餐飲界的代表。		

店名	聯絡方式	營業時間
高樓景觀餐廳		
Sirocco／Sky Bar	地址：1055 Silom Rd（State Tower 頂樓 63 樓） 電話：0-2624-9555 網址：www.lebua.com/sirocco	18:00~01:00
曼谷最著名的頂樓景觀餐廳，分為酒吧與用餐區，用餐須著正式服裝。		
Roof Top Bar	地址：222 Rajprarop Rd （Baiyoke Sky Hotel 頂樓 83 樓） 電話：0-2656-3939 網址：www.baiyokehotel.com	18:00~01:00
為曼谷市區內最高的景觀餐廳，20:00 點以後有現場音樂演奏。		
Vertigo & Moon Bar	地址：21/100 South Sathon Rd （Banyan Tree 飯店頂樓 61 樓） 電話：0-2679-1200 網址：www.banyantree.com/en/bangkok	Vertigo： 18:00~23:00 Moon Bar： 17:00~01:00
雖位於高級五星飯店內，但仍保有些許輕鬆自在感，對於服裝的要求為 smart-casual。		
Red Sky	地址：999/99 Rama 1 Rd （Centara 飯店頂樓 55 樓） 電話：0-2100-1234 網址：www.centarahotelsresorts.com/redsky	17:00~01:00
曼谷市區內最新落成的高樓景觀餐廳，位於市中心 Chitlom 站附近，可眺望熱鬧的市區夜景。		
咖啡簡餐		
S & P	網址：www.snpfood.com	各分店不一
曼谷市區內常見的連鎖餐廳，除了咖啡、茶飲，也有提供簡餐。		
Black Canyon Coffee	網址：www.blackcanyoncoffee.com	各分店不一
全泰國都可見到的平價連鎖咖啡店，餐點菜色選擇多。		
li-bra-ry	地址：2 Soi Methi Niwet, Sukhumvit 24 Sukhumvit Road, Khlong Ton, Khlong Toei 電話：0-2259-2878	10:00~21:00
很有文青風格的咖啡店，店內書架有許多書籍可供顧客閱讀，招牌飲品為「碗裝拿鐵 Latte in Bowl」。		
Kuppa	地址：39 Soi 16, Sukhumvit 電話：0-2663-0450	07:00~22:00
頗受曼谷上班族歡迎的咖啡館，周日供應的早午餐很受喜愛。		

店名	聯絡方式	營業時間
下午茶		
Author's Lounge	地址：48 Oriental Avenue（東方文華酒店內） 電話：0-2659-9000 網址：www.mandarinoriental.com/bangkok/fine-dining/authors-lounge	14:30~17:00

曼谷最負盛名的精緻下午茶餐廳，價格稍偏高。

HYATT Erawan Tea Room	地址：494 Rajdamri Road （Erawan Bangkok 的 2 樓） 電話：0-2254-1234 網址：www.bangkok.grand.hyatt.com	10:00~22:00

位於購物中心內，由君悅飯店所經營，但價格實惠。

Salon	地址：13/3 South Sathorn Rd（Sukhothai 飯店內） 電話：0-2344-8888 網址：www.sukhothai.com/Dining/Salon	下午茶 14:00~18:00

每日均有下午茶，尤其是周五至日的 14:00~17:30 推出 Chocolate buffet，格外受到女性顧客喜愛。

The Peninsula Bangkok	地址：333 Charoennakorn Road 電話：0-2861-2888 網址：www.peninsula.com/Bangkok	下午茶 14:00~18:00

半島酒店於大廳 The Lobby 供應的英式下午茶，有 Traditional Afternoon Tea Set 與 Naturally Peninsula Afternoon Tea Set 兩種選擇，茶點與飲品都十分精緻。

Agalico	地址：Soi 51 Sukhumvit Lanem （20 Boonchiradom Building 旁） 電話：0-2662-5857	周五至周日 10:00~18:00

為平價的下午茶選擇，室內裝潢呈現歐式典雅風情，也有戶外庭園。

店名	聯絡方式	營業時間
甜點		
Mango Tango	網址：www.mymangotango.com	各分店不一
供應各式果汁與冰品，尤其芒果相關品項最為著名。		
Swensens	網址：www.swensens1112.com/swensens	各分店不一
在各大購物中心內均設有雙聖冰淇淋的店面，售價較台灣便宜許多。		
Red Mango	網址：www.redmangointernational.com	各分店不一
結合芒果與優格霜淇淋的甜品店。		
昭披耶河遊船晚餐		
Chao Phraya Princess	電話：0-2476-0022 網址：www.thaicruise.com	19:30~21:45
船上的晚宴形式為 buffet 自助餐，並有歌舞表演。		
Manohra Cruise	網址： bangkok-riverside.anantara.com/facilities.aspx#dining9	19:30~21:30
由 Anantara Bangkok Riverside Resort & Spa 出發，在柚木船上享用晚餐。		

Part 7

生活便利通
Facts For the Visitors

實用資訊

緊急應變

旅遊基本泰語

實用資訊

撥打電話

公共電話

在曼谷許多地方如購物商場、車站或街頭，都能輕易找到可撥打國際電話的黃色公用電話，或是撥打國內專用的綠色電話。拿起話筒，投進硬幣或插入電話卡之後，即可開始撥號。限撥打泰國境內的電話卡面額自 25Baht 起；專打國際電話的電話卡面額則分為 300 和 500Baht 兩種，在一般的便利商店即可買到。

手機漫遊

台灣的手機無論是使用中華電信、台灣大哥大、遠傳、泛亞或威寶等系統，皆可在曼谷直接以手機漫遊使用。

泰國手機易通卡

在泰國購買新的手機 SIM 卡與門號是一件很容易的事，從蘇汪納蓬機場一入境就可以直接於電信業者櫃台選購。目前泰國的電信業者有 DTAC（Happy Card）、TRUE、1-2Call，每家推出的 SIM 卡加門號的費用都很便宜，約自 49Baht 起跳，買了當地 SIM 卡、直接插入台灣帶來的手機，立即可用。

建議停留曼谷時間超過一個星期的朋友，可以考慮購買 SIM 卡與門號，不僅方便在泰國使用，若是要和朋友聯絡、預約餐廳、SPA 等，打回台灣的費用也遠比使用台灣門號漫遊來得便宜許多。若儲值的金額用完了，在 7-11 等連鎖便利商店都可以買到儲值卡。

手機上網

雖然曼谷的許多旅店、咖啡店都有免費 wifi，但若想隨時以手機上網，在機場購買 SIM 卡時，也可選擇含網路的方案。最方便的選擇是 DTAC 的 7 日 299Baht 方案，含 100Baht 通話費以及 7 日內網路無限使用。

如何撥號？

		泰國（國際冠碼：009），台灣（國碼：886）	
從曼谷打到台灣		市內電話：（02）1234-5678	手機：0919-080200
曼谷	市內電話	009+886+ 去掉區域號碼 0+ 市內電話號碼（009 886 2 12345678）	009+886+ 手機號碼去掉 0（009 886 919080200）
	手機	+886+ 去掉區域號碼 0+ 市內電話號碼（+886 2 12345678）	+886+ 手機號碼去掉 0（+886 919080200）
從台灣打到曼谷		台灣（國際冠碼：002），泰國（國碼：66）	
		市內電話：（02）123-1234	手機：0778-927-1111
台灣	市內電話	002+ 國碼 66+ 市內電話號碼（002 66 2 123 1234）	002+ 國碼 66+ 手機號碼（002 66 778 9271111）
	手機	+1+ 室內電話號碼（+66 2 123 1234）	+66+ 手機號碼（+66 778 927 1111）

網路

曼谷市區內的許多 YH 青年旅館、經濟型旅館、商務旅館等，都可免費使用無線網路，若房間內設有網路線，則只要自備電腦即可使用。萬一沒有攜帶電腦，或僅需查詢

E-mail 信箱者，也可在曼谷街頭輕易找到網咖上網，一小時約 30Baht 起。

郵政

郵局的營業時間為周一至五的 08：30 至 16：30、周六 09：00 至 12：00，可以寄送明信片、郵件或包裹。

明信片、郵件

若只是要寄明信片，不一定非得去郵局，在 7-11 便利商店或某些書店都有賣郵票。自行貼上郵票、丟入路邊的紅色郵筒即可。從曼谷寄明信片或信件回台灣，大約 7 至 10 天可收到。

- 寄明信片到泰國以外的國家：每張約 12 至 15Baht。
- 寄信到泰國以外的國家：按重量計算，自 14Baht 起。
- 寄明信片到泰國境內：每張 3Baht。

包裹

如果想要寄送包裹，不妨自備紙箱或在郵局購買，比較大型的郵局還有提供打包服務。包裹寄回台灣可選擇以下 3 種方式：

- EMS（International Express Mail Service）：寄送時間最短，大約 2 至 4 天，但費用相當高。
- 航空郵遞：大約 5 至 10 天。
- 海運：時間最久，約 1 至 3 個月，但費用最便宜。

營業時間

曼谷一般的公司營業時間為周一至五 08：30 至 16：30，銀行的營業時間則為周一至五的 09：00 至 15：30，但許多銀行所設立在商場或主要街道上的匯兌處（Money Exchange），大多從早上營業到 20：00、21：00 左右。

百貨公司、購物中心的營業時間則大多為每天 10：00 至 22：00。酒吧和餐廳的營業時間通常會到更晚，有些觀光客聚集的熱鬧地區，餐廳就像便利商店一樣是採取 24 小時營業。

消費稅

在曼谷購買東西或在餐廳吃飯時，都會加上 7% 的加值稅（VAT），大多數商店販售的商品價格都已內含加值稅，餐廳則多半是外加，等結帳消費總金額計算出來後，再加上 7% 加值稅與 10% 服務費。

退稅

如果拿觀光簽證在標明可退稅（VATrefund for Tourists）的特定商店內消費，單筆購物超過 2,000Baht，並累計超過 5,000Baht 者，皆可享有退稅優惠。目前一些主要的購物商場與百貨公司均有提供此優惠服務。

在該商店或商場購買商品後，記得跟店家說明要辦理退稅，店家就會填寫兩份退稅表格。當你要從曼谷機場離境，在航空公司櫃台辦理 CHECK IN 之後，記得要拿著店家開立的退稅表格前往退稅櫃台（VAT Refund）辦理退稅。若是退稅金額少於 30,000Baht，即可當場領回退稅的現金；若超過該金額，則會在日後匯入你的指定帳戶。

公共廁所

曼谷各地區的火車站、巴士車站或大型公園內都設有公廁，但幾乎都要付費，一次 3 至 5Baht。這種公廁大多沒有提供衛生紙，若有需要，還得加錢購買。至於市區的 BTS、MRT 車站則沒有公廁，不過由於市區內購物中心、百貨公司相當多，是免費使用乾淨廁所的好選擇。

曼谷的公廁大致可分為蹲式與座式兩種，有些比較簡陋的廁所內並沒有自動沖水的功能，因此需要從馬桶旁邊的大水桶自行舀水沖乾淨。

緊急應變

東西掉了怎麼辦？

遺失護照

一定要先向附近的警察局報案，取得報案證明後，再聯絡駐泰國台北經濟文化辦事處辦理護照補發，才能順利搭機返國。

Data

駐泰國台北經濟文化辦事處
◎ 網址：www.taiwanembassy.org/TH/mp.asp?mp=231
◎ 地址：20th Floor, Empire Tower, 195 South Sathorn Road,
　　　　Bangkok 10120
◎ 電話：0-2670-0200

遺失機票

現在的機票已多半改為電子機票，所以就算遺失也不用太擔心，航空公司的電腦系統中都有旅客的訂位資訊，只要持護照至機場的航空公司櫃台辦理報到，仍可順利登機。

遺失信用卡

信用卡一旦遺失，一定要趕快向發卡銀行申請掛失，才能將損失減到最低。出國前記得要先將發卡銀行的緊急聯絡電話抄好，並且與信用卡分開收存。

遺失旅行支票

購買旅行支票後，記得抄下每一張旅支上面的序號，然後連同購買合約書一起存放，但要和旅行支票分開收好。萬一旅支遺失了，購買合約書上都有載明掛失和補發的程序與全球各服務處電話，按照上面的步驟處理即可。

遺失現金

若是不小心弄丟錢包，身上沒有現金時也別太緊張，除了可聯絡駐外單位請求協助，也可透過全球連鎖的 Western

Union 服務，請家人緊急匯款。先請家人至有提供 Western Union 服務的銀行匯款，此時須告知要匯給哪一個人（與護照相同的英文姓名）、匯到哪一間 Western Union 的服務據點（告知家人你最方便的領取處）。

匯款手續完成後會得到一組密碼，透過電話聯繫取得該密碼後，攜帶護照與密碼前往你所指定的 Western Union 服務據點，便可以領取到現金了。

Info 台灣提供 Western Union 服務的銀行
☆台新銀行 Taishin Bank，電話：0800-023-123
☆彰化銀行 Changhwa Bank，電話：0800-365-889 轉 9
☆國泰世華銀行 Cathey United Bank，電話：0800-818-001

生病、受傷時

曼谷的藥妝店和藥局不少，很容易購得感冒、腸胃不適等小症狀的成藥，若不確定該如何選擇，可詢問駐店的藥師。若是狀況比較嚴重需就醫時，則可請旅館服務人員或當地人協助尋找距離最近的醫院就診。曼谷大部分的醫院都可以用英語溝通。

Data

緊急電話
◎ 駐泰國台北經濟文化辦事處急難救助專線：0816-664006
◎ 觀光警察專線：1155（可說英語）
◎ 警察局：191
◎ 救護車：1669（可說英語）

旅遊基本泰語

生活用語

中文	泰文拼音	泰文
你好	Sa-wat-dii（Ka／Khap）	สวัสดี (ค่ะ / ครับ)
謝謝	Khap Khum（Ka／Khap）	ขอบคุณ
再見	Laa Kawn	ลาก่อน
對不起	Kor Toht	ขอโทษ
不客氣	Mai Ben Rai（Ka／Khap）	ไม่เป็นไร (ค่ะ / ครับ)
熱	Rawn	ร้อน
冷	Yen	เย็น หนาว
知道／不知道	Kao Jai／Mai Kao Jai	เข้าใจ / ไม่เข้าใจ
是／不是	Chai／Mai Chai	ใช่ / ไม่ใช่
要／不要	Ao／Mai Ao	เอา / ไม่เอา
大／小	Yai／Lek	ใหญ่ / เล็ก
更多／更少	Mug／Nid Diew	มากๆ / นิดเดียว
你可以說中文／英文嗎？	Khun samad Phud Pha-saa	คุณสามารถพูดภาษาจีน / อังกฤษ / ได้ไหม

購物

中文	泰文拼音	泰文
多少錢？	Tao Rai（Ka／Khap）／Kii Baat	เท่าไร (คะ / ครับ) / กี่บาท
可以便宜一點嗎？	Lot Dai Mai？	ลดได้ไหม
*** 元可以嗎？	*** Baat Dai Mai？	บาทได้ไหม
太貴了	Phaeng pai	แพงเกินไป
可以看一下嗎？	Duu dai mai？	ดูได้ไหม

時間

中文	泰文拼音	泰文
現在幾點？	Kii mohng laew？	ตอนนี้กี่โมงแล้ว
現在是 ** 點	Ton Ni kue ** Mohng	ตอนนี้คือ**โมง
早上	Chao	ตอนเช้า
中午	Thiang	ตอนเย็น
晚上	Klaang kheun	ตอนกลางคืน
昨天	Meua waan	เมื่อวัน
今天	Wan nii	วันนี้
明天	Phrung nii	พรุ่งนี้
星期一	Wun jun	วันจันทร์
星期二	Wun ung khaan	วันอังคาร
星期三	Wun poot	วันพุธ
星期四	Wun paa reu hat	วันพฤหัส
星期五	Wun sook	วันศุกร์
星期六	Wun sao	วันเสาร์
星期日	Wun ar thit	วันอาทิตย์
一月	Ma ga raa kom	มกราคม
二月	Gum paa phan	กุมภาพันธ์
三月	Mii naa kom	มีนาคม
四月	Mee saa yon	เมษายน
五月	Phreut sa phaa kom	พฤษภาคม
六月	Mi thu naa yon	มินายน
七月	Ga ra ga daa kom	กรกฎาคม
八月	Sing haa kom	สิงหาคม
九月	Gan yaa yon	กันยายน
十月	Du laa kom	ตุลาคม
十一月	Phreut sa ji gaa yon	พฤศจิกายน
十二月	Than waa khom	ธันวาคม

數字

中文	泰文拼音	泰文	中文	泰文拼音	泰文
0	Suun	ศูนย์	16	Sip-hok	สิบหก
1	Neung	หนึ่ง	17	Sip-jet	สิบเจ็ด
2	Sawng	สอง	18	Sip-paet	สิบแปด
3	Saam	สาม	19	Sip-kao	สิบเก้า
4	Sii	สี่	20	Yii-sip	ยี่สิบ
5	Haa	ห้า	21	Yii-sip-et	ยี่สิบเอ็ด
6	Hok	หก	22	Yii-sip Sawng	ยี่สิบสอง
7	Jet	เจ็ด	30	Saam-sip	สามสิบ
8	Paet	แปด	40	Sii-sip	สี่สิบ
9	Kao	เก้า	50	Haa-sip	ห้าสิบ
10	Sip	สิบ	60	Hok-sip	หกสิบ
11	Sip-et	สิบเอ็ด	70	Jet-sip	เจ็ดสิบ
12	Sip-sawng	สิบสอง	80	Paet-sip	แปดสิบ
13	Sip-saam	สิบสาม	90	Kao-sip	เก้าสิบ
14	Sip-sii	สิบสี่	100	Neung Rawy	หนึ่งร้อย
15	Sip-haa	สิบห้า	1,000	Neung Phan	หนึ่งพัน
			10,000	Neung Meun	หนึ่งหมื่น

交通

中文	泰文拼音	泰文
計程車	Thaek sii	แท็กซี่
長途巴士	Rot thua	รถทัวร์
當地巴士	Rot meh	รถเมย์
巴士站	Sa thaa nii khon song	สถานีขนส่ง
火車	Rot fai	รถไฟ
火車站	Sa thaa nii fot fai	สถานีรถไฟ
船	Reua	เรือ
飛機	Khreuang bin	เคื่องบิน
機場	Sa naam bin	สนามบิน

飲食

中文	泰文拼音	泰文
酸	Briaw	เปลี่ยว
甜	Waan	หวาน
辣	Phet	เผ็ด
鹹	Kem	เค็ม
味精	Pong chuu rod	ผงชูรส
好吃	a roi	อร่อย
多一點	Yoyo	เยอะๆ
少一點	Nit deow	เล็กน้อย
不要放	Mai ow	ไม่ใส่

Info 男女結尾大不同

泰文在一個句子結束時，通常會加上尾音來表示禮貌，其中女生在說話時，句尾會加上「Ka」（發音後嘴巴不閉上）；男性則會加上「Khap」（發音後閉上嘴巴）以示區分。

國家圖書館出版品預行編目資料

曼谷自助超簡單/小米&小薯 文・攝影・ -- 二版.
-- 臺北市 ： 華成圖書, 2013. 11
面 ； 公分. -- (GO簡單系列；G0311)

ISBN 978-986-192-196-9（平裝）

1. 自助旅行 2. 泰國曼谷

738. 2719   102019209

GO簡單系列　G0311

曼谷自助超簡單

作　　者／小米&小薯

出版發行／ 華杏出版機構
　　　　　華成圖書出版股份有限公司
　　　　　www.farreaching.com.tw
　　　　　台北市10059新生南路一段50-2號7樓
　　　　　戶　　名　華成圖書出版股份有限公司
　　　　　郵政劃撥　19590886
　　　　　e-mail　huacheng@farseeing.com.tw
　　　　　電　　話　02　23921167
　　　　　傳　　真　02　23225455
　　　　　華杏網址　www.farseeing.com.tw
　　　　　e-mail　fars@ms6.hinet.net
　　　　　華成創辦人　郭麗群
　　　　　發 行 人　蕭聿雯
　　　　　總 經 理　熊芸
　　　　　法律顧問　蕭雄淋・陳淑貞

　　　　　總 編 輯　周慧珇
　　　　　企劃主編　李清課
　　　　　企劃編輯　林逸叡
　　　　　執行編輯　袁若喬
　　　　　美術設計　謝昕慈
　　　　　印務主任　蔡佩欣

定　　價／以封底定價為準
出版印刷／2009年11月初版1刷
　　　　　2013年11月二版1刷

總 經 銷／知己圖書股份有限公司
　　　　　台中市工業區30路1號　　電話　04-23595819　　傳真　04-23597123

☺ 讀 者 回 函 卡

謝謝您購買此書，為了加強對讀者的服務，請詳細填寫本回函卡，寄回給我們（免貼郵票）或 E-mail至huacheng@farseeing.com.tw給予建議，您即可不定期收到本公司的出版訊息！

您所購買的書名/＿＿＿＿＿＿＿＿＿＿＿＿　購買書店名/＿＿＿＿＿＿＿＿＿＿

您的姓名/＿＿＿＿＿＿＿＿＿＿＿＿＿　聯絡電話/＿＿＿＿＿＿＿＿＿＿

您的性別/□男 □女　　您的生日/西元＿＿＿＿＿年＿＿月＿＿日

您的通訊地址/□□□□□＿＿＿＿＿＿＿＿＿＿＿＿＿＿＿＿＿＿

您的電子郵件信箱/＿＿＿＿＿＿＿＿＿＿＿＿＿＿＿＿＿＿＿＿＿

您的職業/□學生 □軍公教 □金融 □服務 □資訊 □製造 □自由 □傳播
　　　　　□農漁牧 □家管 □退休 □其他

您的學歷/□國中（含以下）□高中（職）□大學（大專）□研究所（含以上）

您從何處得知本書訊息/（可複選）

□書店 □網路 □報紙 □雜誌 □電視 □廣播 □他人推薦 □其他

您經常的購書習慣/（可複選）

□書店購買 □網路購書 □傳真訂購 □郵政劃撥 □其他＿＿＿＿＿＿＿＿＿

您覺得本書價格/□合理 □偏高 □便宜

您對本書的評價（請填代號/ 1.非常滿意 2.滿意 3.尚可 4.不滿意 5.非常不滿意）

封面設計＿＿＿＿　版面編排＿＿＿＿　書名＿＿＿＿　內容＿＿＿＿　文筆＿＿＿＿

您對於讀完本書後感到/□收穫很大 □有點小收穫 □沒有收穫

您會推薦本書給別人嗎/□會 □不會 □不一定

您希望閱讀到什麼類型的書籍/＿＿＿＿＿＿＿＿＿＿＿＿＿＿＿＿＿＿

您對本書及我們的建議/

www.farreaching.com.tw

華杏出版機構

華成圖書出版股份有限公司　　收

台北市10059新生南路一段50-1號4F　　TEL/02-23921167

（沿線剪下）

（對折黏貼後，即可直接郵寄）

☺ 本公司為求提升品質特別設計這份「讀者回函卡」，懇請惠予意見，幫助我們更上一層樓。感謝您的支持與愛護！

www.farreaching.com.tw　　　請將 G0311 「讀者回函卡」寄回或傳真 (02) 2394-9913